킴닥스의

대학
생활
백서

킴닥스의

대학
생활
백서

킴닥스 지음

21세기북스

이 책은

여러분의 대학생활을 더 알차고 윤택하게 만들어줄

마법의 책입니다.

매년 대한민국 청년들 중 무려 약 70%가 대학에 진학합니다.

덕분에 국민 교육 수준이 높다고 평가되지만

대학에 다니는 70%의 청년들은 모두 행복한가요?

모두가 가는 대학이라

적지 않은 학비를 내가며 졸업 연수를 채우지는 않나요?

원하는 대학에 갔음에도

이후에 뭘 해야 행복할지 막막하지는 않나요?

이 책은 그런 고민과 방황을 해결해 주고자 만들어졌습니다.
저 킴닥스를 주축으로 22명의 대학 재학생과 졸업생이
인생 후배인 여러분을 위해 자신의 경험담과 노하우를
아낌없이 나누었습니다.

'대학에 다닐 때 알았더라면.'
'대학에 다닐 때 해놨더라면.'

겪고 난 후에야 깨닫는 것들을 미리 알 수 있다면
소중하고 빛나는 20대를 더 멋지게 보낼 수 있지 않을까요?

이 책의 마지막 장을 넘길 때
자신의 진정한 행복을 찾아갈 준비를 마치길 바라며
제 이야기부터 나누어볼게요.

20대의 시작점에 선 여러분에게

대학생활에 대한 전반적인 이야기를 나누기에 앞서 제 이야기를 하지 않을 수가 없겠죠. 돌이켜 보면 제 대학생활은 굉장히 드라 마틱했던 것 같아요. 기억에 남는 몇 가지만 먼저 이야기해 보면,

> 국제 콘테스트의 참가자에서 심사위원으로 거듭나다.
> 재학 중, 다니던 대학 100주년 축제에 연사로 서다.
> 세계 최초 웹 무비 프로젝트를 통해 영화 감독으로 데뷔하다.
> 글로벌 브랜드 행사에 초청받아 전 세계로 출장을 가다.
> 유튜브를 통해 이름을 건 미디어 브랜드를 설립하다.

이 모든 일들이 학교를 다니며 일어난 일들입니다. 놀랍지 않 나요? 제 대학생활을 관통하는 한 가지 표현을 이야기해 보라고 한다면 "능동적인 변화"라고 대답할 거예요. 제가 원하는 방향으 로 끊임없이 저를 변화시키고자 노력했고 많은 일들에 적극적 으로 부딪혔거든요. 물에 돌을 던져야 파동이 일어나듯, 제가 원

하는 것들을 이루기 위해 능동적으로 부딪혀 이 세상에 파동을 그려냈습니다. 처음엔 작게 일어난 파동이 점차 파도가 되고, 나중엔 상상한 것 이상의 물결을 만들어내어 이 책으로 여러분도 만나게 되었네요.

한국을 세계에 심는 영상제작자가 되고 싶습니다.

어린 시절, 만화 〈포켓몬스터〉를 보면서 배운 적도 없는 일본 문화를 제가 자연스럽게 알고 있다는 사실을 깨달았습니다. 그림을 좋아하고 곧잘 그렸기에 '나는 한국의 문화를 만화영화로 만들어 세계에 알리는 사람이 되고 싶다'는 꿈을 가졌고 학창 시절 많은 만화를 그렸습니다. 언젠가 '월트 디즈니' 같은 콘텐츠를 만들고 싶다는 꿈은 애니메이션 제작자에서 '영상 제작자'로 확장되었습니다. 그 후 많은 영상을 만들며 다양한 대회에 꾸준히 출전해 실력을 키워갔습니다.

더 많은 사람들에게 제 영상을 보여주고 꿈을 이루기 위해 스무 살, '킴닥스(KIMDAX)'라는 이름으로 유튜브 채널을 만들었고, 다양한 영상을 만들며 '일반인 화보 촬영 프로젝트'를 진행했습니다. 그러던 중 고등학생 때부터 관심이 있던 뷰티 영상을 시험 삼아 만들었던 것이 당시 스타트업이었던 한 MCN 회사의 눈에 띄며 본격적인 '뷰티 유튜버'로서의 활동을 시작했습니다. 꾸준히 독창적인 콘텐츠를 개발하고 선보이면서 순식간에 몇 십만 명의 구독자가 모였고, 국내 브랜드뿐만 아니라 글로벌 브랜드에서도 영상 제작 의뢰나 광고 모델 제의, 해외 행사 초청 등의 러브콜을 받았어요. 덕분에 〈대학내일〉을 비롯한 국내 유명 잡지와 해외 잡지에도 제 이야기가 소개되었답니다.

하지만 뷰티 유튜버로 유명해질수록 '영화 영상'에 대한 갈증이 생겼습니다. 2016년, 휴학을 결심하고 저만의 영화를 만들어보기로 결심했어요. 그렇게 100여 명의 크루와 스태프들을 모아 '세계 최초의 웹-무비(web-movie) 프로젝트'를 진행했고, 디즈니 코리아에 자문을 받고 다양한 브랜드의 자본을 끌어오며 저의 첫 장편 영화를 완성했습니다. 영화진흥위원회에서 정식 영화로 인정을 받고, 유튜브 개봉을 통해 국내외로 좋은 반응을 이끌어내자 메가박스 코엑스점에서 시사회를 개최하는 기회도 찾아왔어요. 이를 계기로 다양한 언론사에서 인터뷰를 진행했고 지상파 뉴스에서 글로벌 성장을 한 국내 크리에이터로 소개되기도 했습니다.

그러자 각종 정부 공공기관 및 기업에서 강연 요청이 들어왔어요. 오전에는 대학에서 수업을 듣고 오후에는 기업에서 강연을 하곤 했습니다. 틈틈이 영상 대회에도 출전했고, 뷰티 유튜버로서 전문적인 자격을 갖추고 싶어서 학기 중 메이크업 아티스트 자격증도 취득했어요. 덕분에 더욱 다양한 뷰티 행사에 초청

받고 방송 프로그램에도 출연하면서 아티스트로서의 활동도 이어갔습니다. 이런 행보로 스물두 살에 참가했던 국제 콘테스트에서는 1년 만에 심사위원으로 발탁되기도 했어요.

대학 졸업을 앞둔 해에는 교수님의 요청으로 신입생을 대상으로 강연을 했고, 대학 100주년 축제 등 교내 행사에서 연사로 서기도 했습니다. 그리고 제 이름을 건 '킴닥스 스튜디오'를 설립했답니다. S전자 노트북 광고 모델로 발탁되는 등 여러 활동을 하면서도 성실히 학교생활을 했고 좋은 성적으로 우등졸업을 할 수 있었습니다.

이 책은 다양한 경험을 쌓으며 만들어온 저의 노하우와, 삶을 대하고 어려움을 극복해 나가는 마음가짐, 그리고 구체적인 대학생활 팁들을 엄선해서 담은 책입니다. 20대 여러분들에게 큰 도움이 되길 바라는 마음으로 가감없이 많은 것들을 공유했어요. 여러분이 꼭 저와 같은 대학생활을 해야만 성공적인 대학생활을 보냈다고 생각하지는 않길 바랍니다. 세상 모두에게는 각자의 속도가 있고 각자의 삶과 목표가 있다고 생각합니다. 제 이야기 속에서 최선을 다해 나의 가치를 최상으로 끌어올리는 법, 나의 한계를 정하지 않고 부딪혀 이루어내는 법, 그리고 사회가 요구하는 길이 아닌 나만의 길을 만들어가는 법을 배울 수 있으면 좋겠습니다. 책의 마지막 장에서 여러분의 가슴속에 작은 파동이 일길 바랍니다. 그럼 시작해볼까요?

● 차례

07 PART 몸과 마음을 건강하게! 나를 이해하고 보살피는 삶

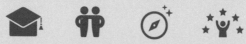

킴닥스의 대학생활백서

성공적인
대학생활을 위한
입학 전 준비

초등학교 1학년부터
고등학교 3학년까지.
길었던 12년 동안의 학창 시절을 끝내고
성인이 되었습니다. 질문이 생소하지만
"기분이 어떤가요?"

대학은 삶의
전부가 아니다

저는 스무 살이 되면 저를 둘러싼 세상이 달라질 거라고 생각했던 것 같아요. 하기 싫은 지겨운 공부에서 해방되어 내가 하고 싶은 공부, 내가 하고 싶은 일들을 자유롭게 할 수 있을 줄 알았죠. 그저 멋있기만 한 20대 라이프가 기다리고 있을 줄 알았습니다.

그런데 이게 웬일. 성인이 되어 가장 먼저 배운 것은 하고 싶은 일 하나를 하기 위해서는 하기 싫은 일 열 가지를 해야 한다는 사실이었습니다. 하고 싶은 무언가를 하기 위해서는 그만큼의 돈과 시간이 필요했습니다. 스무 살이 되어 제가 마주한 현실은 24시간 중 적지 않은 시간을 통학에 써야 하고, 몇 백 만원의 대학 등록금을 마련해 내야 했으며, 그 등록금을 아끼기 위해 학교생활을 열심히 해 장학금을 받아야 하는 것들이 포함되어 있었어요.

대학에 와서 마주하는 어려움은 기껏해야 조별 과제에 무임 승차하는 사람들을 만나는 것인 줄만 알았는데 그런 상황은 드라마 속 이야기의 일부일 뿐이었습니다. 현실에는 그 문제를 포함한 더 많은 난관들이 우리를 기다리고 있었죠.

그렇다고 한 번뿐인 20대를 우울하게만 보낼 건가요? 저는 이 모든 문제들을 어떻게 하나씩 해결해 갈 것인지 생각했습니다. 자세한 해결 방법은 뒷부분의 각 파트에서 차근차근 얘기하기로 하고, 우선 이 모든 난관을 극복하기 위해 "대학생활을 기똥차게 해보자."고 다짐했습니다. 그런데 도대체 어떻게 해야 대학생활을 '잘' 할 수 있을까요?

> 대학생활 잘 해라.
> 대학생활 열심히 해라.

대학에 입학할 때 주변 어른들에게 한 번쯤 들어본 말이지 않나요? 그런데 대학생활을 '잘' 하고 '열심히' 한다는 게 정확히 뭘 의미하는 걸까요? 학점을 잘 받으라는 걸까요? 친구를 많이 사귀라는 걸까요? 돈을 벌라는 걸까요? 꿈을 이루라는 걸까요? 아니면 이 모든 걸 다 이루라는 말일까요? 그런데 이걸 다 이루는 게 가능은 한가요?

저는 전부 가능하다고 말하고 싶습니다. 여러분이 그 모든 걸 이루는 대학생활을 '행복하게' 하길 바라는 마음으로 이 책을 썼으니까요. 단, 모든 것을 이루기 위해서는 세부적인 목표를 세우기에 앞서 대학생활을 받아들이는 '마음가짐'을 점검해야 합니다.

　제가 지난 8년간 유튜버 생활을 하면서 여러분 또래의 구독자분들에게 많이 들었던 질문 중 하나가 "정말로 대학이 인생의 전부가 아닐까요?"라는 말이었습니다. 저는 그 말에 확신에 찬 대답을 할 수 있습니다.

　　　　　　네, '절대' 전부일 수 없습니다.

　저를 오래 봐온 구독자라면 제가 이런 단정적인 말을 하는 일이 잘 없다는 걸 아실 겁니다. 그럼에도 이토록 확신할 수 있는 이유는 제 주변을 포함해 이 세상에는 대학과 상관없이 자신의 일을 훌륭히 해내고 자신의 길을 새롭게 개척해 나가는 사람들이 많기 때문입니다. 대표적인 일화로 '애플'을 창립하고 스마트폰의 시대를 연 스티브잡스도 다니던 리드 대학(Reed College)을 중퇴하고 자신만의 길을 개척했습니다. 예전에 제가 잘 따르던 한 교수님께서 수업 중에 이 이야기와 함께 "훌륭한 사람들은 대학을 중퇴하니 너희도 대학을 때려 치우렴."이라는 과감한 농담을 하셨던 것이 기억나네요.

　〈대학생활백서〉에 갑자기 웬 대학 중퇴 이야기인가 싶겠지만,

그만큼 대학이 절대 여러분 인생의 전부가 될 수 없고 목표를 이루는 데에 대학을 다니는 것이 도움이 되지 않는다면 과감히 그만둘 수도 있다는 말을 하고 싶습니다. 세상에는 다양한 길이 있고 길이 없다면 내가 만들어가면 되니까요. 물론 그만큼의 거대한 책임과 노력이 필요하다는 것은 명심하길 바랍니다.

사실 미디어만 봐도 부단한 노력 끝에 이룬 성공으로 대학이 삶의 전부가 아니라는 사실을 몸소 보여주는 사람들이 많습니다. 그럼에도 20대 초반의 많은 친구들이 대학이 인생의 전부일 거라 생각하는 이유는 짧게는 3년 길게는 12년 동안 '좋은 대학' 이라는 목표를 위해 앞만 보고 달렸기 때문입니다. 유일하게 주변을 돌아보는 순간은 경쟁을 위한 순간인 경우가 많죠. 사회가 대학이라는 한 가지 목표만을 보도록 학생들에게 경주마에 씌우는 차안대를 씌우는데, 막상 대학에 진학해서 그 차안대가 벗겨지면 갑자기 넓어진 시야에 불안할 수밖에 없지 않을까요? 여러분이 대학에 큰 의미를 두는 것은 어찌 보면 당연하다고 생각합니다.

실제로 한국 사회에서 출신 대학의 이름이 중요한 가치를 차지한다는 것도 부정할 수 없는 사실입니다. 대학의 순위를 매겨 나열하고 그 순위가 기업에 취직할 때에 영향을 주기도 합니다. 대학에서 형성된 네트워크 또한 무시할 수는 없습니다. 하지만 졸업을 하고 나면 이제는 대학이 아니라 어떤 일을 하는지, 그리고 그 일을 얼마만큼 잘하고 능력이 있는지가 더 중요한 단계에 들어서게 됩니다. 20대 초반에는 사회에서 누군가를 만나 서로를 소개할 때 으레 어느 학교를 다니는지 묻고 답하는 게 일반적이지만, 20대 중후반만 되어도 어느 회사를 다니는지 묻고 답하는 것이 일상이 됩니다. 저 또한 20대 중반에 사회에서 만난 사람들의 출신 대학을 모르는 경우가 더 많습니다.

결국 대학을 단순히 이름과 명성만을 따져 '모두가 가니까 나도 가야 하는 곳'으로 생각한다면, 대학을 졸업하자마자 마주하는 새로운 현실에 크게 혼란을 겪고 방황하게 될지도 모릅니다. 그렇기 때문에 지금 순위가 높은 대학에 진학했다고 자만하고 안주해서도 안 되고, 반대로 낮은 대학에 진학했다고 풀이 죽어 좌절할 필요도 없습니다.

정말 '나에게 좋은 대학'에 진학했는지는 대학생활이 끝나고 알 수 있습니다. 그리고 그것은 대학 순위와는 상관없이 '어떤 대학생활을 보냈는가'에 따라 결정되기에, 지금 여러분이 가져야 할 마음은 자만도 안주도 좌절도 아닌 "뭐든지 부딪혀 보겠다." 라는 능동적인 마음입니다. 이 마음은 여러분의 한계를 깨줄 것이고 더 많이 성공하고 더 많이 실패하는, 그래서 더 많이 배워 더 크게 성장하는 대학생활을 보낼 수 있게 만들어줄 것입니다.

이제 어떤 대학생활을 해야 할지 감이 잡히나요? 몇천만 원을 내고 다녀야 하는 대학입니다. 우리가 만 원짜리 물건을 사도 속

된 말로 '뽕'을 뽑으려고 하는데 몇천만 원짜리 대학을 다니면서 는 뽕 뽑을 생각을 안 할까요?

대학에서의 수업을 능동적으로 듣는다면 배움의 폭이 달라 지고, 열심히 찾아본다면 대학에서 학생들을 지원해 주는 다양 한 제도를 알 수 있습니다. 심지어 대학 밖에서도 대학생이라 할 수 있는 일들이 정말 많습니다. 대학은 내가 몇 년간의 중고등학 교 생활을 끝내고 고생해서 입학한 곳이고, 앞으로 큰 돈을 투자 할 뿐만 아니라 소중한 20대 시간의 절반까지 투자해야 하는 곳 이기 때문에, 학업도 노는 것도 '뽕을 뽑겠다'는 마음으로 열심히 해야 후회가 없습니다.

그럼 지금부터 뽕 뽑는, 기똥찬 대학생활을 시작할 준비되었 나요? 입학 전에 해야 할 일부터 같이 차근차근 준비해 봅시다.

KIMDAX
YOUTUBE

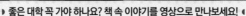

▶ 좋은 대학 꼭 가야 하나요? 책 속 이야기를 영상으로 만나보세요! ◀

같이 해봐요!
대학생활 로드맵 그리기

저는 '한 끗 차이'라는 말을 좋아합니다. 아주 작은 차이가 무언가 다른 것을 만들어낸다는 의미는 제가 삶을 대하는 태도이자 마음가짐이기도 합니다. 콘텐츠를 만들어가는 사람으로서, 또 나의 삶을 의미 있게 개척해 나가는 사람으로서, 남들과 다른 무언가를 만들어낼 때에는 대단하고 큰 것보다는 아주 작고 사소한 차이를 포착하여 파고드는 것이 중요하다 생각합니다. 이는 새로운 콘텐츠를 개발할 때에도, 나의 삶을 가꾸어나갈 때에도 요긴하게 쓰이는 시선입니다.

　이 시선을 대학생활에도 적용해볼까요? 오랜 준비 끝에 시험을 보고 대학 합격 결과를 얻으면, 많은 친구들이 대학 입학 전까지 그동안 못한 것들을 해보며 지냅니다. 물론 그 시간을 신나게 보내는 것도 중요하지만, 간과하기 쉬운 사실은 그 짧은 몇 달이 대학생활의 첫 단추와 같아서 앞으로의 대학생활을 좌지

우지한다는 점입니다. 기숙사나 자취방을 알아보고 멋진 옷이나 가방을 사는 것도 대학생활을 준비한다고 할 수 있겠지만, 여기서 의미하는 준비는 그런 표면적인 것보다 근본적인 준비를 말합니다. 대학에 입학해서 이루고 싶은 목표가 무엇인지 생각해 보고, 그 목표를 이루기 위해 필요한 것들을 준비해야 합니다.

그렇다면 이 준비 과정은 왜 필요할까요? 제가 열심히 대학생활을 하고 또 대학을 잘 졸업하고 난 뒤, 감히 단언할 수 있는 것은 대학생활은 '항해'와 같다는 것입니다.

고등학교 시절까지를 익숙한 육지 위에서 길의 표지판을 보거나 지도 앱을 켜고 목적지까지 걸어가는 것으로 비유한다면, 고등학교를 졸업하고 스무 살 성인이 되었을 때부터는 배를 타고 바다로 나아가는 것과 같습니다. 딛고 설 수 있는 땅을 밟고 나아가는 것이 아니라, 매 순간 밀려오고 바뀌는 물살을 헤치며 목적지까지 나아가야 합니다.

그런데 만약 아무런 계획과 준비도 없이 바다로 나간다면 어떻게 될까요? 중간에 길을 잃어 표류할 수도 있고, 사방이 비슷해 보이는 바다 한가운데에서 어디로 가야 할지 몰라 혼란에 빠질지도 모릅니다. 예측할 수 없는 파도에도 여유롭게 몸을 맡길 수 있으려면, 적어도 목적지를 정하고 '어떤 여행이 되었으면 좋겠다'는 바람 정도는 생각하고 출발해야 합니다.

어떻게 몇 년간의 계획을 미리 세울 수 있나요?

아마 많은 친구들이 계획을 세우기 전 이런 생각을 할 것입니다. 대학교에서 정확히 어떤 것들을 배우고 무엇을 하게 될지도 모르는데 몇 년간의 계획을 세워야 한다니 막막한 건 당연합니다. 어떻게 하면 성공적인 대학생활을 보낼 수 있을지 구체적인 방법들을 같이 고민해 보도록 할게요.

❶ 원하는 것들을 자유롭게 적어 한 가지 목표를 설정하라

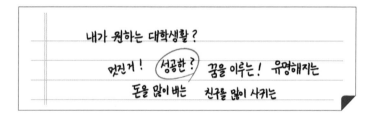

저는 단기 계획을 세우는 방법과 장기 계획을 세우는 방법을 명확히 분리합니다. 단기 계획은 구체적인 행동을 중심으로 체계적으로 짜지만 장기 계획은 추상적인 목표를 잡는 것부터 시작합니다.

'멋진 대학생활', '성공한 대학생활', '꿈을 이루는 대학생활', '유명해지는 대학생활' 등 내가 바라는 대학생활의 모습을 간결한 단어로 솔직하게 적어보세요. 여러 예시 중 '성공한 대학생활'을 목표로 정해볼게요.

❷ 추상적인 목표의 구체적인 의미를 생각하라

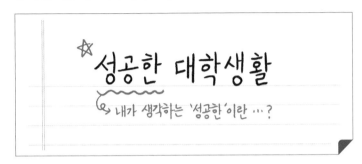

내가 생각하는 '성공한'은 무엇일까요? 그건 개인의 가치에 따라 직업을 갖는 것일 수도 있고, 대회에서 인정받는 것이 될 수도 있습니다. 유명인이 되는 것일 수도, 돈을 많이 버는 것일 수도 있고, 좋은 사람들을 많이 알게 되거나 아니면 이 모든 것을 합친 것이 될 수도 있습니다.

첫 단계에서 추상적인 나의 목표를 적어보았다면, 두 번째 단계에서는 추상적인 단어의 구체적인 의미를 생각해 보세요. 이 의미는 사회적으로 통용되는 보편적인 의미가 아니라, 지극히 내가 바라는 나의 이상향을 기반으로 생각해야 합니다. 그래야 남들이 바라는 목표가 아닌, 진짜 내가 원하는 목표를 찾을 수 있으니까요.

❸ 목표를 이룰 실천 방안을 작성하고 일의 순서를 정하라

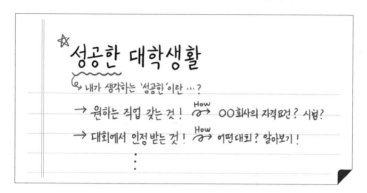

이렇게 추상적인 목표에 대한 구체적인 의미까지 정의했다면, 이제는 이 목표를 '어떻게' 실현할 수 있을지 고민해 봅니다. 좋은 직업을 갖는 것이 내가 생각하는 성공한 대학생활이라면, 취직을 위한 학점 관리가 필요할 것이고 원하는 직종에 맞는 대외활동 이력도 필요할 것입니다. 또 인정받고자 하는 분야의 대회에 출전해서 수상하는 것을 목표로 한다면, 우선 어떤 대회가 있는지 알아봐야 할 것이고 그 대회를 위한 여러 자격 요건을 확인하고 준비해야 할 것입니다.

이렇게 내가 정한 목표를 이룰 수 있는 방법을 구체적으로 잔뜩 적어보았다면, 내용을 살펴보며 일의 순서를 정합니다. 한 번에 묶어서 준비할 수 있는 일이 있는지, 어떤 순서로 실천하면 좋을지 구체적으로 생각해 주면 좋습니다.

이 세 번째 단계는 충분한 시간을 갖고 구체적으로 고민해 보길 바랍니다. 이 단계에 공을 들일수록 '내 안의 의심'을 없앨 수 있거든요! 많은 분들이 목표를 설정하고도 곧잘 포기해 버리는 이유는 자기 자신에 대한 의심이 들기 때문입니다.

내가 이 목표를 이룰 수 있을까?
못할 것 같아.

처음 막연하게 바라는 것들을 상상할 때에는 당연히 들 수 있는 생각입니다. 하지만 목표를 이루기 위한 구체적인 방법을 생각해 보는 것만으로도, 막연하고 멀게만 느껴진 목표를 향해 나아갈 방법에 대한 감을 찾을 수 있습니다.

저 역시도 이 세 단계로 계획을 세우고 목표를 이뤄나가며 자신감과 확신을 가질 수 있었습니다. 대한민국에 유튜브 열풍이 불기 한참 전, '구독하기'가 무엇인지도 잘 몰랐던 시절에 제가 빠르게 유튜브를 시작한 계기도 대학에 입학하기 전 설정했던 목표를 이루기 위함이었습니다. 저는 어떤 대학생활을 하고 싶은지 스스로에게 물었고 머릿속에 여러 가지 모습을 떠올렸습니다.

그것들을 하나로 정리했을 때 제가 가장 바란 모습은 바로 '꿈을 위한 발판을 마련하는 대학생활'이었습니다. 그리고 이 목표를

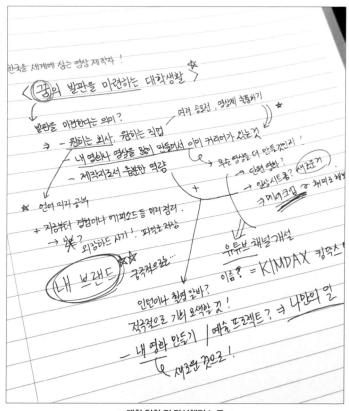

▶ 대학 입학 전 작성했던 노트 ◀

하나하나 뜯어봤죠. 나의 '꿈'은 무엇인가? '발판을 마련한다'는 것은 무슨 의미인가? 그리고 이를 위한 세부적인 실천 방법을 생각했습니다.

막연한 목표에서 구체적인 실천 방안을 생각해 내고 이를 실천하며 목표를 달성해 나갔습니다. 그러자 목표를 이루는 것뿐만 아니라 상상하지 못했던 많은 기회들이 눈앞에 펼쳐졌어요. 해외에 저를 알리고 제 영화를 만들고, 언론을 통해 제 이야기가 많은 사람에게 소개되기도 하고 졸업을 앞두고는 제 이름을 건 미디어 브랜드도 만들 수 있게 되었죠. 이렇게 많은 것들을 계획하고 이루어낸 힘은 목표를 실천하는 구체적인 방안을 고민하고 부지런히 나아간 끈기에서 왔다고 생각합니다. 또 이렇게 고민하는 과정에서 '기회를 포착하는 힘'도 기를 수 있었어요.

목표 달성의 기회를 만드는 비법

그리스 신화 중 기회의 신 '카이로스(Kairos)'는 앞머리는 길지만 뒷머리는 없는 대머리로 묘사됩니다. 인간이 기회를 포착했을 때엔 잡을 수 있지만, 때를 놓치면 그 기회를 절대 잡을 수 없다는 의미입니다. 게다가 카이로스의 발에는 날개가 달려 사라질 때에도 재빨리 사라진다고 전해지는데요. 그렇다면 우리는 어떻게 다가온 기회를 기회로 알아차릴 수 있을까요? 제가 대학을 다니면서 항상 마음속으로 뇐 기도가 있습니다.

> 제가 많은 기회를 만나게 해주시고
> 그 기회를 알아볼 수 있는 현명한 안목을 주시고
> 그 기회를 놓치지 않는 집요한 끈기를 주소서.

저는 첫 번째 문장보다 뒤 두 문장이 더 중요하다고 생각합니다.

살면서 아무리 많은 기회를 만나더라도 그 기회를 기회로 알아보지 못하고 놓쳐버리면 아무 쓸모가 없고, 기회를 알아보더라도 결과로 만들어내기까지 끈기가 없다면 잡은 기회도 소용이 없기 때문이죠.

이 마음가짐은 제가 삶에서 만나는 많은 일들을 허투루 여기지 않게 해주었습니다. 어떤 것이 기회가 될지 모르는 일이니까요. 또한 매사에 최선을 다할 수 있게 만들어주었습니다. 놀라운 기회가 찾아왔을 때 내가 그 기회를 잡을 준비가 되어 있어야 놀라운 성과를 얻어낼 수 있는 것 아니겠어요?

<blockquote>어떻게 매번 성공할 수 있나요?</blockquote>

실제로 한 강연에서 받은 질문입니다. 제가 다양한 일을 하면서 늘 좋은 결과를 이끌어내니 많은 분들이 제가 매번 성공한다고 생각하시는 것 같아요. 하지만 많은 일을 하는 만큼 당연히 많은 어려움을 마주할 수밖에 없습니다. 그럼에도 좋은 결과를 이끌어낼 수 있는 이유는 제가 마주하는 어려움 속에서도 끊임없이 기회를 만들어내고자 노력하기 때문입니다.

앞서 이야기했던 기회를 포착하는 힘은 시간이 지나면 스스로 기회를 만들어내는 능력으로 발전할 수 있습니다. 특히 이 능력은 절망적인 상황에서 빛을 발합니다. 어떤 상황에서도 내가 포기하지만 않는다면 새로운 기회를 만들어낼 수 있기 때문이죠.

2020년 저는, '최초의 유튜브 인터랙티브 전시회'를 기획해 진행했습니다. 〈청춘 페이지〉라는 이름의 전시회 프로젝트였는데 대학을 졸업할 때 즈음 떠올렸던 아이디어를 발전시켜서 실현한 프로젝트였습니다. 전시의 주인공이 유명 뮤즈가 아니라 유튜브를 통해 선발한 일반 대중이 되고, 전시 작품 또한 해외 유명 작가의 것이 아니라 다양한 장르의 국내 청년 작가 30팀을 모집해 구성했습니다. 이 또한 킴닥스 유튜브 채널을 통해 전시 경력이나 학력 등이 아닌 오로지 작품만을 보고 작가들을 섭외했습니다. 30팀의 작가들이 청년 뮤즈 3인에게 영감을 받아 작품을 만들고, 이 모든 이야기가 '이 시대 청년'이라는 주제로 하나의 시나리오로 이어지는 새로운 형식의 전시회였습니다. 작품의 장르도 열두 가지나 되어 볼거리가 풍성한 전시였어요.

기획 단계부터 시작해 전시회 내에서도 유튜브, 온라인과 연결되는 지점들이 많았기 때문에 준비 기간이 오래 걸릴 수밖에 없던 프로젝트였습니다. 또한 전례 없던 새로운 형태의 전시회를 표방했다 보니 이 기획을 믿고 함께해 줄 공간을 구하는 일에도 우여곡절이 많았습니다. 그럼에도 이 모든 것을 극복하고 예술의 전당을 비롯한 서울 네 개 지역의 갤러리를 섭외했는데, 전시를 한 달 남짓 앞둔 시점에 전 세계적으로 'COVID-19'라는 무시무

▶ "당신의 삶도 작품이 될 수 있어요."라는 슬로건의 〈청춘 페이지〉 전시 ◀

시한 신종 바이러스가 퍼지고 말았습니다.

지금이야 이 신종 바이러스에 대한 정보가 있지만 당시에는 알 수 없는 바이러스로 전 세계가 패닉에 빠졌습니다. 문화예술계가 일제히 공연과 전시를 줄줄이 연기하거나 취소했고 저희 기획팀도 관람객의 안전을 최우선으로 생각해 전시를 연기했습니다.

하지만 몇 달 뒤 예정된 예술의전당 전시는 연기가 어려웠습니다. 워낙 큰 규모의 전시인데다가 여러 이해관계가 엮여 있었기 때문에 저희의 판단만으로 일을 결정할 수가 없었습니다. 제게는 선택권이 두 가지밖에 없었습니다. 이대로 앞선 작은 전시 세 개는 취소하고 가장 마지막에 예정된 큰 규모의 예술의전당 전시만 진행하여 처음 기획을 포기하느냐. 또는 원래 기획대로 모든 전시를 진행하되, 순서를 바꿔 예술의전당 전시를 가장 먼저 하고 나머지 전시들을 그 이후로 연기하느냐.

　　　　　　합리적으로 포기할 것인가
　　　　　　새로운 기회를 찾을 것인가

　　전자는 리스크를 줄이는 것뿐만 아니라 비용을 아낄 수도 있는 방법이었습니다. 후자는 변경된 일정에 맞게 기획도 다시 하고 일정도 새로 맞춰야 하기 때문에 큰 리스크를 부담할 수밖에 없었습니다. 하지만 처음 이 프로젝트를 기획했을 때, 전시 네 개가 이어진다는 것은 무척 큰 의미를 갖고 있었습니다. 보통의 전시는 하나로 끝이 나지만 〈청춘 페이지〉는 관람객이 마치 '여행을 하는 것처럼' 또는 '넷플릭스에서 시리즈물을 보는 것처럼' 여러 전시의 이야기가 하나로 이어지는 것에 의의가 있었거든요. 그래서 앞선 작은 전시들을 포기한다는 건 당장 물질적인 리스크는 줄이더라도, 앙금 없는 찐빵을 만드는 것과 같았습니다. 프로젝트가 만들어낸 의의는 셀 수 있는 돈처럼 당장 눈앞에 보이는 것은 아니지만, 미래의 또 다른 기회를 위한 투자라고 생각했습니다.

　　또한 청년 작가들을 섭외하며 그분들에게 더 다양한 전시 기회를 주겠다는 약속을 했기 때문에 그 약속을 지키기 위해서는 전시회를 취소할 수 없었습니다. 저는 여러 고민 끝에 과감히 후자를 선택했죠. 그리고 스스로 이렇게 생각했습니다.

▶ 코로나19 이전의 기획 지도와 최종 진행된 기획 지도 ◀

> 이제 나에게 남은 가장 큰 난관은 오로지
> 이 불행을 번뜩이는 방법으로 해결하는 것뿐이다!

온 마음을 다해 준비한 시간이 무색할 만큼 갑자기 닥친 큰 난관에 엉엉 눈물이 나기도 했지만, 이렇게 결심하고 나니 오히려 마음이 차분해지고 다시 눈이 반짝이기 시작하더라고요. 상황을 어떻게 할 수 없다면 이 상황을 최대한 활용해 더 멋진 결과물을 내보자고 결심했습니다. 그게 처음에 생각했던 것과는 다르더라도 말이죠. 저는 제가 할 수 있는 영역에서 최선을 다하기로 마음먹었습니다. '위기를 기회로 삼는다'는 말을 계속 마음속에 되새기면서요!

저는 해야 할 일들의 우선 순위를 정리하고 하나씩 처리해 나가기 시작했습니다. 우선 전시를 기다린 구독자분들에게 전시를 연기하게 되었다는 소식을 전해야 했습니다. 이 내용을 어떻게 전할지 고민하다가 재미있는 아이디어를 냈습니다. 그냥 공지 영상을 올리는 것이 아니라 상황에 대해 적은 저의 솔직한 일기를 영상화하고, 여기에 이 상황을 함께 이겨내자는 메시지를 담아 '구독자들이 참여할 수 있는 손소독제 챌린지'를 시작하는 것이었습니다. 마침 비즈니스를 진행하며 인연이 된 한 뷰티 플랫폼 기업의 대표님과 뜻이 맞아 해당 기업의 질 좋은 손소독제를 사회 취약 계층을 위해 기부할 수 있게 되었습니다. 댓글 하나에 손소독제 하나로, 누구나 쉽고 즐겁게 기부에 참여할 수 있었습니다. 많은 분들이 참여한 덕에 총 만 개의 손소독제를 기부했고, 연기된 전시에 대한 기대감도 높일 수 있었습니다.

본격적인 전시 준비 단계에서는 어떻게 하면 기존 기획의 틀을 유지하면서도 새로운 스토리 라인을 자연스럽게 만들 수 있을지 고민했습니다. 계획대로라면 가장 마지막에 선보였어야 할 예술의전당 전시를 가장 먼저 보여주게 됐으니까요. 사실 코로나로 전시가 연기된 상황이라 순서가 조금 뒤집힌 채로 진행되었어도 관객들이 이해해 줄 수 있었을지 모릅니다. 하지만 애매한 대처를 할 바엔 하지 않는 것이 낫다고 생각했기 때문에 그날부터 밤을 새며 기획팀과 머리를 맞대고 논의를 이어갔습니다.

그렇게 나온 좋은 아이디어는 첫 전시를 '영화 촬영장 컨셉'으로 진행해 이후 세 개 전시에서 '세 명의 청년 뮤즈의 이야기

▶ 당시 상황에 대한 제 심정과 이를 극복한 이야기를 영상으로 만나보세요! ◀

가 각각 개봉한다'는 스토리를 만드는 것이었습니다. 단, 이 기획
으로 진행하게 되면 세 개 전시에서 각각 상영할 단편영화를 만
들어야 했습니다. 한 달 간격으로 영화를 총 세 편이나 만들어야
하는 것도 모자라 전시회까지 준비해야 했죠. 하지만 이 방법이
가장 좋은 선택지였고 프로젝트를 더욱 개성 있게 만들어줄 수
있는 방법이었기에 망설일 이유가 없었습니다.

이렇게 결정한 후 목표에 맞는 세부적인 방안들을 철저하게
계획하고 거침없이 실행했습니다. 전시회를 촬영장처럼 꾸미려
면 값비싼 촬영 장비들이 필요했지만 갑자기 예산을 늘릴 수는
없었습니다. 그래서 유명 카메라 기업의 관계자들을 만나 프로
젝트에 대해 설명하며 고가의 영화 카메라 협찬을 성사시켰습
니다. 또 웹 무비를 제작하며 인연이 된 지인을 통해 큰 촬영 장
비를 대여해 전시장의 분위기를 완성시켰습니다. 이외에도 대면

▶ 영화 포스터처럼 제작한 세 가지 전시 포스터 ◀

행사가 어려운 점을 역이용해 유튜브 실시간 라이브로 작가와 대중이 함께 작품을 완성하기도 하고, 라이브 페인팅을 하는 등 난관 속에서 새로운 기회를 모색해 나갔습니다.

계속되는 코로나 팬데믹 상황으로 진행에 어려움을 겪었음에도 많은 분들이 찾아주었고 감동적인 후기들을 남겨주어 네 개 공간에서 진행한 모든 전시가 성공적으로 끝날 수 있었습니다. 위기 속에서도 포기하지 않고 계속해서 기회를 만들었기 때문일까요? 오히려 이 프로젝트는 온라인을 통해 관람객과의 소통을 강화한 언택트 시대의 트렌드한 전시 사례가 되었답니다. 또한 영화 컨셉으로 영상 매체가 강조되면서 전시회와 영상 매체를 새롭게 엮어낸 시도가 되기도 했고요.

기회를 기다릴 수 없다면, 내가 기회를 만들어야 한다.

▶ 어떤 전시가 탄생했는지 생생한 영상으로 만나보세요! ◀

저는 이 경험을 통해 아주 중요한 자세를 배웠습니다. 어떤 절망적인 상황에서도 내 마음만 다잡는다면 기회를 만들어낼 수 있다는 것을요. 무엇보다 스스로의 마음가짐이 중요하고 스스로가 부지런히 행동할 준비가 되는 것이 중요합니다.

그러니 목표를 이루어가는 과정에서 찾아올 시련을 지레 걱정하며 두려워할 필요는 없습니다. 어떤 시련이 닥쳐도 내가 그 안에서 기회를 찾아내면 되는 것이니까요. 물론 시련이 없다면 좋겠지만, 만약 그렇지 않다 해도 저는 얼마나 멋지게 그 상황을 극복해 낼지 고민하며 그 시간을 즐기려고 합니다.

" 1년 동안 많은 것을 아깝지 않게 포기하면서도 쏟아부었다.
하루에 여섯 개의 미팅을 돌며 제안서 피티를 하느라
목이 다 쉬었던 날도 있다.
서울에 안 가본 공간이 없는 것 같고,
아침에 나가 새벽에 집에 들어와서도
피곤한 게 아니라 설레서 잠이 오지 않았다.
내가 쏟았던 그 말도 안 되는 시간들이
너무 반짝거려서 셈을 하지 않았다.
내가 얻고 싶은 것들은 모두 현재 내 손에 잡힐
유형의 무언가가 아니라 미래의 불확실한 것들에 있었다.
그 불확실함은 새로운 무언가를 만드는 사람들에겐
필연적이고 숙명적인 것이라 생각했기에,
내게 이 일의 성패의 기준은 셈할 수 있는 결과가 아니라
내 머릿속에 있던 그림과 가치가 얼마나 똑같이
'현실화됐는가', '이루어졌는가'였다.
하지만 세상엔, 극복할 수 있는 시련 외에
어떤 시도도 하지 못하고 기다려야만 하는 시련도 있다는 걸
짧은 몇 달 째 절망적으로 깨달았다.
'하필'이라는 생각이 내 마음을 갉아먹기 시작했다.

하지만 생각해 보니 그랬다. 인생은 영화보다 재미있지.
영화가 아무리 리얼함을 추구한들, 진짜 삶이 될 수 있을까.
삶에 수렴해 가는 과정일 뿐. 그러니까 인간의 삶에는
영화보다 훨씬 많은 기승전결이 있다.
지금 이 프로젝트가 내 인생 어떤 신의
기승전결 내러티브라면 지금은 '전'쯤 되겠지.
노력으로 일궈낸 빛나는 '기, 승'. 노력으로 어떻게 할 수 없는
까마득한 '전'. 그 치명적인 '전'이 앞으로 다가올 '결'에 어쩔 수 없이
영향을 주겠지만 나는 언제나 그랬듯 최선을 다해야겠다.
삶의 마지막 즈음, 내 인생 영화가 끝내주게 재미있으려면
앞으로 다가올 수많은 기승전결 중 훨씬 더 크고 센 '전'을
만나더라도 언제나 '결'이 없는 신은 만들지 않겠다.
포기하면 포기한 만큼만 얻게 되지만
포기하지 않으면 원하는 것에 다가가게 된다.
살면서 찾아오는 모든 기승전결에서
최선의 '결'을 맞이하는 사람이라면,
그 작은 기승전결들이 쌓인 삶은 분명 최고의 삶일 것이다.

〈청춘 페이지〉를 준비하던 킴닥스 일기 중   55

차이를 만드는
입학 전 체크 리스트

지금부터 본격적으로 구체적인 대학생활 이야기를 시작해 볼게요. 먼저 대학에 입학하기 전 미리 확인하면 좋은 체크리스트를 준비했습니다.

Check List

- ○ 졸업 요건 확인하기
- ○ 수업 커리큘럼 확인하기
- ○ 학사 일정 확인하기
- ○ 장학금 정책 확인하기 + 외부 장학금 찾아보기
- ○ 교환학생 정책 확인하기
- ○ 휴학/복학 정책 확인하기
- ○ 동아리 알아보기

무척 구체적이죠? 위 체크리스트를 꼼꼼하게 확인해 보고 대학생활을 시작하는 것과 그렇지 않은 것은 지금은 '한 끗 차이'지만 몇 년 뒤 엄청난 차이를 만들어낼 거예요.

우선 입학한 대학의 졸업 요건을 확인해 보세요. 입학 준비를 하는 단계에서 벌써 웬 졸업을 준비하나 싶지만, 종착지를 알고 길을 떠나야 내 여정의 페이스를 조절할 수 있듯이 대학생활도 마찬가지입니다. 졸업을 위해서 어떤 것들을 준비해야 하는지 미리 알고 있어야 졸업할 때 자격이 미달되어 졸업을 유예당하는 불상사를 막을 수 있어요. 그리고 졸업 요건을 미리 숙지하고 있는 상태에서 다음 체크리스트 항목들을 확인해야 나의 대학생활이 머릿속에 좀 더 선명하게 그려질 거예요. 모든 대학의 홈페이지에서는 상세하게 해당 학교의 '학칙'을 확인할 수 있습니다. 그 중 졸업과 관련된 페이지를 꼼꼼히 읽어보고 필요한 것들을 메모장에 정리하며 체크해 보길 바랍니다.

이렇게 졸업 요건을 확인해 보면 필수로 수강해야 하는 과목과 그렇지 않은 과목이 있습니다. 특정 종류의 수업은 몇 개 이상으로는 졸업 학점으로 인정되지 않는 경우도 있고 학교마다 기준이 다르기 때문에 꼼꼼하게 확인하는 것이 중요합니다. 이 기준을 잘 기억하고 이제 수업 커리큘럼을 확인해 보세요. 마찬가지로 각 대학의 홈페이지에서 개설된 강의의 정보를 미리 확인할 수 있습니다. 홈페이지에서 바로 찾을 수 있는 경우도 있지만 찾기가 어렵다면 학교에 전화를 걸어 문의해 보는 것도 방법이에요.

학교에 따라 입학 전에 이미 시간표가 확정됐다면 내가 입학하여 배울 수업들을 미리 체크해 보고, 아직 확정되지 않았다면 내가 배울 전공 과목에는 어떤 것이 있는지 그외 교양 수업에는 어떤 것이 있는지 체크해 보는 것이 좋습니다. 수업의 이름만 대충 훑어보는 것이 아니라 강의 정보에서 강의 목적과 목차를 읽어보는 것이 좋아요. 그리고 듣고 싶은 수업, 내게 도움이 될 수업, 졸업을 위해 들어야 할 수업을 대략적으로 체크합니다. 교양 과목은 재밌는 것들이 많지만 너무 많이 듣게 되면 졸업 직전에 전공 과목을 몰아서 들어야 할 수도 있기 때문에 밸런스를 잘 조절해야 합니다.

그다음 전체적인 학사 일정도 확인해 봅니다. 마찬가지로 학교 홈페이지에서 제공하는 학칙 문서 또는 학사 일정을 따로 정리해 둔 캘린더 페이지에서 확인할 수 있어요. 시험 일정과 방학 일정 등, 전체적인 학사 일정을 확인해 보면 대학교는 어떤 식으로 돌아가는지 감을 잡을 수 있을 거예요.

그다음으로는 장학금 정책을 확인할 필요가 있습니다. 어차피 다닐 대학인데 성적도 잘 받고 조금이라도 등록금을 아낄 수 있으면 좋겠죠? 그리고 한 가지 팁을 드리면 대학 내 장학금 외에도 외부 장학금을 함께 찾아보는 것이 좋아요. 국가에서 지급하는 국가장학금 정책은 기본으로 확인해 신청 일자를 놓치지 않도록 하고, 이외에도 여러 기업과 단체에서 지급하는 장학금을 확인해 보면 좋습니다. 이런 장학금 정보는 대학 홈페이지 게시판이나 커뮤니티에서 찾을 수 있고 직접 학교 측에 문의하여 정보를 얻는 방법도 있어요.

그리고 다시 학칙에서 교환학생 정책도 미리 확인하는 것이 좋습니다. 교환학생 정책은 해외에서 다양한 경험을 쌓을 수 있는 기회이기 때문에 관심 있는 분들은 미리 내용을 꼼꼼히 체크해 볼 것을 추천합니다. 내가 원하는 나라에 따라 필요한 성적, 필요한 자격증의 종류와 점수 모두 세부적으로 다르기 때문에 미리 확인하여 준비하는 것이 좋습니다. 또한 특정 학년 이상은 갈 수 없는 경우도 있기 때문에 이런 점을 미리 꼼꼼하게 확인해야 계획에 차질이 없겠죠?

또 휴학과 복학 정책도 함께 확인해 보세요. 재학 중에 휴학할 계획이 없다고 해도 무언가 해보고 싶은 일이 생기거나 쉬고 싶은 순간이 생길 수도 있으니까요.

이렇게 학칙에서 다양한 내용을 확인한 뒤에는 마지막으로 동아리를 찾아보세요. 뒤에서 더 자세한 이야기를 나눌 예정이지만, 대학생활의 꽃 중에 하나가 바로 이 동아리 활동이랍니다. 신입생 오리엔테이션 때 선배들을 통해 여러 동아리에 대한 설명을 들을 수 있겠지만 미리 내가 해보고 싶었던 것, 관심 있는 분야의 동아리를 찾아보면 대학생활이 더욱 기대될 거예요.

여기까지 꼼꼼히 체크해 보았다면 1월부터 12월까지 나의 대략적인 대학생활 모습이 머릿속에 그려질 거예요. 몇 월부터 몇 월까지 수업을 듣고 언제 방학을 하며, 방학에는 무엇을 할 수 있을지, 그리고 이 1년 단위의 과정이 쌓여 몇 년간의 대학생활이 어떤 식으로 진행될지, 어떤 시기에 내가 무엇을 준비하고 실행해야 할지, 대략적인 계획을 세울 수 있습니다.

지금까지 찾아본 내용과 목표하는 바를 총정리해, 대학생활의 로드맵을 완성해 볼까요? 다음 페이지를 완성하는 것만으로도 여러분은 멋진 대학생활을 보낼 준비를 마친 거예요! 지금까지 알려드린 모든 내용은 제가 대학생활을 준비하며 했던 것 중 큰 도움이 됐던 것들과, '미리 해볼 걸' 하며 뒤늦게 떠올린 것들을 구체적으로 정리한 것들이거든요. 저도 대학을 다니며 많은 것들을 계획하고 이루었지만, 처음 시작할 때엔 어떤 것들을 준비해야 할지 모르니 이만큼 구체적으로 준비하지는 못했답니다. 그러니 지금 이런 준비를 꼼꼼히 하는 여러분은 더 멋진 대학생활을 보낼 가능성이 높아졌다는 거예요! 두근두근 설레는 마음으로 자신감을 갖고 내용을 채워보세요.

" 나는 _____ 대학생활을 보낼 거야! "

구체적인 실천 방안

○ _____
○ _____
○ _____
○ _____
○ _____

대학생활 중 체크해야 할 것

○ _____
○ _____
○ _____
○ _____
○ _____

앞서 함께한 내용을 바탕으로, 이루고픈 목표와 해야 할 것들을 간단하게 채워보아요!

	1학기	여름방학	2학기	겨울방학
1학년				
2학년				
3학년				
4학년				

성공적인 대학생활을 위한 입학 전 준비

좋아하는 것들을 해나가다 보면 나만의 길을 찾을 수 있어요.
부산대학교 유아교육과 18학번 | 이수영(대학생)

꿈꾸고 도전하는 대학생 이수영입니다. 저는 하고 싶은 것들이 많아 방향을 잡지 못하고 있었어요. 다만 '나는 다른 사람에게 긍정적인 변화를 주는 사람이 되고 싶어'라는 목표를 가지고 대학에 입학했습니다. 새내기가 된 저는 제가 할 수 있는 경험은 다 해보고 싶었고 그러려고 노력했어요.

저는 대학생활 중 막연히 관심 있던 영상 제작에 도전했습니다. 스무 살이 될 때까지 한 번도 영상을 만들어본 적이 없어서 어떻게 시작해야 할지 몰랐어요. 그러던 중 '영상을 만들고 싶다면 한번 무작정 만들어보라'고 하는 킴닥스님을 보고, 마침 잡혀 있던 도쿄 여행에서 브이로그를 찍어봤습니다. 지금 보면 누구에게 보여주기도 민망할 정도로 미숙한 영상이지만, 그때 저는 혼자 힘으로 영상을 만들어보았다는 생각에 무척 뿌듯했습니다. 만드는 과정도 재미있어서 그 후로도 영상을 찍고 편집해서 친구들에게 보여줬어요. 그러면서 영상 편집 실력이 늘어서 전공 수업 과제로 제출한 영상을 보고 동기들이 감탄하기도 했습니다. 작년에는 노래 연습하는 것을 편집해서 유튜브에 올렸는데 좋은 반응을 얻어 얼마나 뿌듯했는지 모릅니다.

저는 현재 유치원 임용고시를 공부하며 유아교사를 준비하고 있는데, 사실 처음부터 선생님이라는 직업을 원했던 것은 아니었어요. 학창시절 입시와 경쟁에 지쳐 있던 저는 어른들이 저를 등수보다는 제가 가진 고유의 가치로 바라봐 주길 바랐습니다. 그 생각이 발전해 제가 교사가 되어 아이들이 자신의 고유의 가치를 발견할 수 있도록 돕고 싶다는 생각을 했어요. 그리고 대학에서 유아교육에 대해 공부할수록 성적 경쟁 없이 아이 개개인의 흥미대로 배울 수 있는 유아교육이 제 교육 이념과 무척 잘 맞는다는 것을 깨달았습니다. 특히 유아 시기에 형성되는 자아가 삶에 큰 영향을 준다는 것을 배우고, 아이들을 가르치는 것에서 무척 보람을 느꼈습니다.

저는 대학생활 중 경험한 유튜브와 유아교육 이 두 가지 분야를 어떻게 활용하면 스스로 더 행복해질 수 있을지 고민했습니다. 그리고 유아교사로 아이들의 성장에 함께하면서, 누군가에게 전하고픈 메시지가 생겼을 때 영상을 제작하는 삶을 살아가면 어떨까 생각했어요. 이때까지 제가 한 활동들이 남들이 보기에는 작은 일처럼 보일 수도 있지만, 저는 대학생활 동안 여러 가지 길을 경험하고 도전하면서 제가 어떤 삶을 살고 싶은지 스스로 견고히 할 수 있었다고 생각합니다.

우리는 아직 20대인걸요. 20대에는 자신만의 열정 분야를 찾는 것만으로도 앞서 가는 것이라 합니다. 그러니 조바심을 갖지 말고 예전부터 관심 있던 것에 제대로 도전해보고, 내가 중요하다고 생각하는 가치가 무엇인지 계속해서 고민하고 답을 찾아갔으면 좋겠습니다.

출발선이 늦은 것 같다면 그 트랙에서 벗어나도 돼요.
중앙대학교 미디어커뮤니케이션학부 15학번 | 정영한(MBC 아나운서)

스스로 제 출발선이 항상 남들보다 뒤에 있다고 느꼈습니다. 환경이란 상대적인 것이지만 돈, 시간, 사랑 뭐 하나 풍족한 게 없는 학창 시절을 보냈습니다. 도저히 긍정 회로가 작용하지 않자, '인생은 마라톤이다'는 비유를 마음에 새기며 저는 일부러 더 멀리 보기로 결심했습니다. 트랙이 길수록 역전의 기회도 많은 법이고 결핍은 되레 원동력이 되어주었습니다. 부족하게 태어난 건 제 선택이 아니지만, 앞으로 어떻게 살아갈 것인가는 제 몫이라 생각하자 방향성은 단 두가지로 나뉘었습니다. 욕심을 버리고 만족하며 살거나, 스스로 삶을 개척하거나. 당연히 제 선택은 후자였습니다.

고교시절 아나운서라는 꿈을 위해 원하는 대학에 지원했습니다. 하지만 대학에서 마주한 현실에서는 아나운서가 되려면 말도 안 되는 경쟁률을 뚫어야 했고 아카데미 수강 등을 위한 경제적인 서포트도 필요했습니다. 주변 사람들은 그런 제 꿈을 적극적으로 만류하기도 했습니다. 꿈을 접어야 하나 생각하니 이제 취업이 고민이었습니다. 좋은 학점을 받기 위해 밤을 샜고, 스펙 쌓기에 대한 압박으로 수많은 대외활동과 인턴활동을 위해 이력서를 제출하기도 했습니다. 하지만 맹목적인 달리기에 실증이 났고 대외활동의 일환으로 여행 콘텐츠를 제작하는 회사에 입사해 많은 나라를 여행하며 영상 편집을 시작했습니다. 그리고 제작하는 영상에 제 목소리를 입히며 즐거움을 느꼈어요.

좋아하는 걸 시작해 기뻤지만 동시에 불안했습니다. 복잡해 보였던 불안은 그 근원을 따라가면 현실적인 문제, 돈 문제로 귀결됐습니다. 그럴 때마다 다은 누나(킴닥스)를 찾아 조언을 듣곤 했고 누나는 성실히 '몰입'만 한다면 돈은 뒤따르기 마련이라고 이야기해 주었습니다. 당장의 성과나 미래가 계산되지 않더라도, 조바심을 갖지 않아도 된다는 말에 용기를 얻을 수 있었습니다.

그쯤 '클럽하우스'라는 새로운 음성 SNS가 생겼고 저는 제 목소리로 사람들과 소통하고 싶어서 불특정 다수의 고민을 상담해 주는 콘텐츠를 만들기 시작했습니다. 많은 여행 경험으로 낯선 사람에게 이야기를 건네고 대화하는 게 익숙했던 터라 큰 어려움 없이 콘텐츠를 재미있게 이끌어갔고, 놀랍게도 2주만에 팔로워가 3만 명이 되며 다양한 언론사에서 취재 요청이 오자 자신감을 얻었습니다.

스티브 잡스가 스탠퍼드 졸업 축사에서 인생의 여러 요소들을 '연결하는 것'이 중요하다고 말했듯이, 저는 제가 해온 일들 사이에서 저만의 연결고리를 찾아보기로 했습니다. 학원이나 방송 경험 등, 아나운서가 되기 위한 전통적인 길을 걷지 않아서 남들의 말에 더 흔들릴 수밖에 없었지만 저는 용기를 내어 다시 아나운서라는 꿈에 적극적으로 도전했습니다. '1등한 경험'이 아니라면 오히려 '오로지 나만이 할 수 있는 경험'이 더 경쟁력 있겠다는 생각으로 제 이야기를 자신 있게 자소서에 풀어냈습니다. 그리고 경쟁률이 무척 높았던 작년 MBC 아나운서 공채에서 합격 소식을 받을 수 있었어요. 정해진 길을 걷지 않아서, 경제적인 여건이 되지 않아서 꿈을 포기해야 하나 했지만, 정해진 길을 걷지 않는 게 매력이라고 스스로 인정하는 순간 저는 제 꿈을 이룰 수 있었습니다.

내가 하고 싶은 일을 해도 될지, 가능성이 있을지를 남들에게서 검증받으려고 하지 말아요. 남들은 나의 성공에 대해 집요하게 고민하고 말하지 않습니다. 그냥 "안 될 거야."라고 말하는 것이 나중에 "내 말이 맞지?"라고 말할 수 있는 확률이 더 높으니까요. 시련이 없는 성공 스토리는 없습니다. 내 출발선이 뒤에 있다고 느껴진다면 그 트랙에서 벗어나 나만의 길을 달려나가고, 그 길에서 선두주자가 됩시다. 여러분의 멋진 20대를 응원해요.

킴 닥 스 의 대 학 생 활 백 서

" 대학생이 되면 마냥 놀고 싶기도 하지만,
우선 그 바람을 가슴 한 편에 묻어두고
대학 졸업식에서 뿌듯한 미소를
지을 수 있는 사람이 되어 봅시다.
제가 많은 활동을 하면서도
우수한 성적을 유지해 우등 졸업까지
할 수 있었던 노하우를 알려드릴게요. "

만능 캐릭터는 다르다. 시간표 짜는 스킬

학기의 첫 시작은 '시간표 짜기'로 시작합니다. 내가 원하는 강의를 선택해서 들을 수 있는 것은 대학생활의 큰 묘미이기도 하지만, 만약 시간표를 잘 짜지 못한다면 대학생활의 질이 떨어질 수도 있습니다. (물론 학교에 따라 1학년 때는 시간표를 정해주는 곳들도 있으니 참고하세요.) 그래서 첫 이야기로 여러분이 시간표를 잘 짤 수 있는 몇 가지 팁을 준비했어요.

앞서 강조한 입학 전 준비 과정 중, '졸업 요건'을 미리 확인하라고 했던 것 기억하시죠? 대학에서는 강의를 자유롭게 선택해 들을 수 있지만 학년별로 꼭 이수해야 하는 강의들이 정해져 있거나, 특정 과목을 반드시 들어야만 졸업이 가능한 경우가 있습니다. 만약 이를 고려하지 않고 원하는 수업만 잔뜩 들어버리면 나중에 졸업하고 싶어도 이수하지 못한 수업 때문에 억지로 학교를 더 다녀야 하거나, 방학 때 계절학기(정규 학기 외에 방학 기간 중 진행하는 수업. 마찬가지로 수업료가 책정됩니다.)를 수강해야 할 수도 있습니다. 그래서 졸업할 즈음이 되면 전체 학점은 가득 차 있는데 막상 꼭 들어야 하는 전공 과목 수업을 듣지 않아서 정규 학기를 더 다니거나 계절학기를 신청하는 친구들도 있어요. 그렇기 때문에 내가 꼭 이수해야 할 수업을 미리 확인하고 시간표를 짜는 것이 매우 중요합니다.

가장 먼저 꼭 들어야 할 과목을 체크해 시간표에 배분해 준후, 그 외의 빈 시간대를 활용해 나머지 수업을 채워줍니다. 이때 이동 시간과 '공강'도 고려해야 합니다. 고등학교 때에는 쉬는 시간 10분 동안 매점에 뛰어가서 식량을 비축하는 것도 가능했다 보니 대학 강의 사이의 15분이 꽤 길게 느껴질 수도 있습니다. 하지만 대학에서는 분명 같은 학교 안인데도 텔레포트로 순간이동 하지 않는 이상 절대 그 시간 안에 이동할 수 없는 곳도 있답니다. 이런 이유로 강의 사이에 30분 정도의 간격을 두고 시간표를 짜는 것이 가장 이상적이지만, 빠듯하게 시간표를 짤 수밖에 없거나 이 이상의 간격이 생겨 '공강'이 생기는 일도 비일비재하답니다.

공강은 강의 사이의 빈 시간을 의미합니다. 때로는 일주일 중에 수업이 아예 없는 평일을 일컫는 말로도 사용합니다. 많은 분들이 공강을 '버리는 시간'으로 생각하기도 하지만 공강은 내가 어떻게 활용하느냐에 따라 대학생활의 로망을 실현시킬 수 있는 시간이기도 합니다.

저는 긴 공강 시간 동안 도서관에서 책을 읽기도 하고 친구들과 한강에 가서 치킨을 먹기도 하고 일부러 캠퍼스 외곽의 먼 맛집을 찾아 나서기도 했습니다. 교내 체육관을 활용해 운동을 하기도 하고, 꽃이 예쁘게 핀 봄에는 동기들과 꽃구경을 가거나 과방에서 기타를 치고 놀기도 하며 시간을 보냈답니다. 또 외국어 공부를 하거나 미리 과제를 하기도 했고, 바로 직전 수업 시간에 배운 것을 복습하는 시간으로도 활용했어요. 모든 게 의미 있는 시간이었습니다.

평일 중 하루는 수업이 아예 없는 날을 만드는 것도 좋은 방법입니다. 전시회나 공연, 취미 활동 등 주말보다 한적하게 여가 생활을 즐길 수도 있고, 관공서나 공공기관, 병원 방문 등의 일정도 보다 여유롭게 잡을 수 있습니다. 필요한 아르바이트나 봉사활동 일정, 누군가를 만나는 약속을 잡기도 훨씬 수월합니다. 그래서 저는 평일 하루는 꼭 비워두고 미팅이나 행사 방문, 출장 일정 등을 소화하는 데에 사용했습니다. 학기 중에 공모전이나 대회에 참여하게 되면 집중적으로 준비하는 날로도 활용할 수 있고요.

같은 맥락으로 강의가 가득한 4일 중 하루는 강의를 최대한 오전으로 몰아서 오후 시간을 활용할 수 있게 만드는 것도 좋은 방법입니다. 이렇게 하면 완전히 하루를 써야 하는 일정을 잡기는 어렵지만 낮 시간을 활용한 일정은 충분히 소화할 수 있어요. 시간표를 이렇게 짜면 일주일에 주말과 평일을 포함한 4일을 나를 위한 시간으로 쓸 수 있답니다. 일을 할 수도 있고 공부를 할 수도 있고 나의 꿈과 관련된 무언가에 도전하는 시간으로도 쓸 수 있어요.

하지만 무조건 이런 자유 시간을 많이 만들기 위해 수업을 과도하게 몰아넣는 것은 현명하지 못한 방법입니다. 전공 과목처럼 중요하고 어려운 과목들을 하루에 몰아 들으면 집중력이 떨어지기도 합니다. 특히 가장 중요한 시험 기간을 꼭 고려해야 합니다. 하루에 너무 많은 강의를 몰아넣으면 그만큼 하루에 치러야 할 시험도 많아지겠죠? 공부할 양이 많거나 중요한 과목의 시험이 연달아 붙어 있으면 체력이 떨어지거나 집중력이 흐트러져 좋은 컨디션으로 시험 보기가 어려울 수도 있습니다. 나의 학업 스타일을 고려하면서 시간표의 밸런스를 맞춰주는 것이 전략적이고 똑똑한 방법임을 잊지 마세요!

저는 성인이 된 이후의 생활, 특히 대학생활은 '나의 선택에 책임을 지는 것의 연속'이라고 생각합니다. 그래서 이렇게 학교생활의 기본이 되는 수업 시간표도 되는대로 짤 것이 아니라 충분히 다양한 것들을 고려하며 신중하게 정해야 한다고 생각해요. 또 이렇게 일상 속의 작은 선택들도 신중하게 생각하고 고민해 보는 습관을 들이면 작은 일들에도 책임감을 가질 수 있고 이

시간표

	월	화	수	목	금
09:00					
10:00					
11:00					
12:00					
13:00					
14:00					
15:00					
16:00					
17:00					
18:00					
19:00					
20:00					

어떻게 활용해볼까?
필수과목!
오후시간 활용하기
점심 먹고 한 시간씩만 자격증 공부!

경험들이 쌓여 여러분의 경쟁력이 될 것입니다.

지금까지 어떤 식으로 시간표의 '틀'을 잡을 수 있을지 몇 가지 유용한 팁들을 알려드렸는데요. 이제부터는 그 틀보다 중요한 '좋은 수업 고르는 방법'과 함께 내가 짠 이상적인 시간표를 쟁취하기 위한 필수 관문인 '수강 신청'에 대해서 이야기 해볼게요.

매 학기가 시작되기 전 캠퍼스에서는 침묵과 클릭 소리, 희비가 교차하는 짧은 환호와 탄식 소리를 들을 수 있습니다. 컴퓨터 화면에는 아이돌 콘서트 티켓을 예매하듯이 시계 앱을 띄워놓고, 정각이 되기 직전 새로고침을 눌러 빠르게 원하는 강의를 신청합니다. 인기 있는 강의는 수강신청 페이지가 열리자마자 정원이 마감되는 경우가 허다합니다. 그러면 남은 강의나 상대적으로 인기가 없는 강의를 신청할 수밖에 없습니다.

한 학기 동안 들어야 할 수업이니 대학생들에겐 수강신청 성공이 꽤 간절할 수밖에 없습니다. 그래서 수강신청은 인터넷 연결이 잘 된 PC방에 가서 해야 성공한다든지 학교 내의 컴퓨터실이 가장 잘 된다든지 그리고 그 컴퓨터실의 어떤 자리가 가장 명당이라든지 여러 소문을 들을 수 있답니다. 정답은 직접 이것저것 시도해서 알아내는 방법밖에 없고요. 저도 매 학기 PC방도 가보고 교내 컴퓨터실도 사용해 보고 집에서도 해보는 등 다양한 방법으로 수강신청을 했습니다.

이렇게 수강신청이 끝나고 나면 완성된 시간표대로 정규 학기가 시작됩니다. 학기 초 몇 주는 '수강정정' 기간으로 내가 신청했던 강의를 취소하거나 빈 자리가 난 강의에 들어갈 수도 있습니다. 그래서 저는 수강신청만으로 시간표가 완성되는 것이 아니라, 수강정정 기간에 하는 고민까지 거쳐야 시간표를 제대로 완성할 수 있고 한 학기를 알차게 보낼 준비가 끝난다고 생각합니다. 그렇다면 좋은 수업은 어떻게 고를 수 있을까요?

대학에서는 절대적으로 좋은 수업을 찾으려고 하기보다는

'나에게 잘 맞는 수업'을 찾아야 합니다. 누군가에게는 완벽한 강의가 나에게는 맞지 않을 수도 있고, 누군가는 만족스럽지 않은 강의가 나에게는 잘 맞을 수도 있으니까요. 그러면 각자에게 맞는 강의를 고를 수 있는 몇 가지 단계를 알려드리겠습니다.

❶ 강의 목표와 강의 목차 꼼꼼히 살피기

저는 수강신청 전 강의 계획서를 통해 해당 수업의 강의 정보에 대해 꼼꼼히 확인하는 편이었습니다. 먼저 '강의 목표'가 무엇이고 '수업 계획'과 '강의 목차'는 어떻게 구성되어 있는지 확인합니다. 같은 이름의 수업이더라도 교수님에 따라 수업 구성이 다르기 때문에 목차를 비교하며 확인했습니다.

저는 세부적인 계획까지 꼼꼼히 짜인 강의를 선호했습니다. 목차가 광범위하고 두루뭉술하게 짜인 강의보다는 구체적으로 어떤 것을 가르칠 거라고 명시해 놓은 강의가 실제로도 더 체계적인 경우가 대부분이었습니다.

그다음 구성된 강의 목차가 강의의 목표와 잘 연결되는지 확인해 봐야 합니다. 예를 들어 '콘텐츠 제작 강의'의 강의 목표가 '졸업 후 바로 콘텐츠 제작 현장에서 일할 수 있는 실무자 양성'이라고 해볼게요. 그런데 강의 목차에 실습이 하나도 없고 모두 이론 교육만 있다면 강의에서 목표한 바를 실현하기가 어렵겠죠? 이런 식으로 강의 목차의 내용이 강의 목표를 실현시킬 수 있을지 나름의 판단을 해보는 과정도 필요합니다.

여담이지만 저는 매 학기마다 반복된 이 과정이 훈련이 되어서, 후에 제 강연의 목차를 짤 때에도 큰 도움이 되었습니다. 그리고 강연뿐만 아니라 일을 진행하는 세부 계획을 설립하는 것이나, 하나의 글을 일목요연하게 구성해 작성하는 것도 수월해졌습니다.

이렇게 하나의 큰 목표와 이를 달성하기 위한 세부 사항의 관계가 제대로 성립되는지 살펴보아야 하는데, 처음부터 완벽하게 판단하는 것은 쉽지 않은 일입니다. 하지만 나름의 판단을 내려보고 수업을 들으며 내 판단이 맞았는지 틀렸는지 확인하는 과정에서도 배우는 것이 많을 거예요. 특히 대학에서 강의를 하는 사람이라면 적어도 나보다 그 분야에서 경험이 많고 이해도가 높은 전문가이기 때문에 전문가가 구성한 목차를 면밀히 살펴보는 것만으로도 큰 배움이 될 수 있습니다.

❷ 강의의 평가 방식 확인하기

강의 평가 방식이 내가 자신 있는 방식인지 뿐만 아니라 내 상황에서 소화할 수 있는 방식인지 판단해 보는 것도 중요합니다. 대학생활은 학업뿐만 아니라 대외활동, 동아리, 아르바이트 등 여러 가지 활동과 병행하는 경우가 대부분입니다. 학업과 이 모든 활동들을 다 놓치지 않으려면 수업 선택도 현명하게 접근하는 것이 중요합니다.

저는 조별 과제나 발표 평가가 많은 수업을 좋아했는데 본격적으로 일을 시작하면서부터는 가능하면 조별 과제가 있는 수업보다는 개인 과제로 평가받을 수 있는 수업을 선택했습니다. 조별 과제는 협력하는 과정이 굉장히 중요해서 자주 만나고 의견을 맞춰가는 과정이 반드시 필요합니다. 그러다 보니 바쁜 일정 중에 조별 과제가 많은 수업들을 여러 개 듣는 것은 부담이될 수밖에 없었고, 수업의 평가 방식을 미리 확인하여 강의 간의균형을 맞췄습니다.

제가 다닌 학과는 특히 조별 과제와 발표 수업이 많았기 때문에 반드시 몇 개 과목은 조별 과제가 있는 강의를 들을 수밖에없었어요. 그래서 조별 과제가 있는 강의와 없는 강의의 균형을잘 맞추어 대외적인 일뿐만 아니라 학업에도 지장이 없도록 신경 썼습니다.

여기서 어떤 분들은 '그럼 나는 무조건 조별 과제가 없는 수업을 선택해야겠다!'라고 생각할 수도 있어요. 미디어를 통해 조별과제에 대한 흉흉한 소문(?)들을 워낙 많이 접하다 보니 조별 과제에 대해 부정적인 인식을 갖고 있는 경우가 많을 텐데 사실 꼭 그렇지만은 않습니다. 조별 과제가 있는 수업에는 분명한 장점들이있어요. 조별 과제 수업의 장점과 조별 과제를 200퍼센트 성공시키는 기술은 뒤에서 자세히 설명할게요.

❸ 강의 후기 확인하기

학교 커뮤니티를 확인하거나 학과 선배들, 내가 신청하려고 하는 수업을 이미 들은 동기들에게 정보를 얻을 수도 있어요. 수업의 어떤 점이 좋았고 나빴는지 구체적으로 들어보면 수업을 선택하는 데에 큰 도움이 된답니다. 다만 앞서 이야기했듯이 누군가 이야기한 좋은 수업이 내게는 맞지 않거나, 좋지 않았다고 얘기한 수업이 생각보다 괜찮을 수 있어요. 그래서 이런 후기를 참고하되, 개강 첫 주 수업에서 직접 판단해 보는 것을 추천합니다.

❹ 개강 첫 주 오리엔테이션 수업으로 '강의 맛보기'

개강 첫 주는 수강정정 기간이기 때문에 이때의 출결은 점수에 들어가지 않는 경우가 많아요. 대학을 다니다 보면 어떻게든 수업을 빠지고 싶은 날이 있기 때문에 이런 빈틈을 노려 첫 수업에 나오지 않는 친구들도 많답니다. 하지만 개강 첫 주 강의에 꼭 참석해서 수업 분위기를 살펴보는 것이 좋은 수업을 고르는 것에 크게 도움이 될 수 있습니다. 생각한 것보다 수업이 괜찮을 수도 있고 반대로 기대했던 것보다 수업이 나와 맞지 않을 수도 있거든요.

저는 어떤 학기에 수강신청에 실패했던 적이 있습니다. 수강 후기가 좋은 교수님의 강의를 놓치고 상대적으로 후기가 좋지 않은 수업을 듣게 되었어요. 그래서 정정 기간 동안 빈 자리가 나는 것을 노렸다가 강의를 옮길 계획이었습니다.

개강 첫 주 수업에 참석했는데 선착순으로 마감된 다른 수업과 달리 확실히 수강생도 적고 강의가 한적했어요. 교수님이 문을 열고 들어오는 분위기부터 '쉽지 않은 교수님이구나…' 하는 생각이 들었습니다. 위 아래 모두 어두운 계열의 옷을 입고 독특한 안경을 썼고, 강의실에 일찍 들어오셨지만 수업이 시작되기까지 컴퓨터만 보며 누구와도 눈을 마주치지 않는 교수님이었어요.

그렇게 첫 수업이 시작되었고 교수님은 어떤 식으로 수업을 진행할 건지 이야기하며 본인의 실무 경험에 대해 이야기하셨습니다. 말 주변이 좋은 교수님은 아니었지만 본인 일에 대한 열정이 있었고 매 학기 학생들을 만나는 것을 즐거움으로 여기는 분이라는 게 느껴졌어요.(다만 낯을 많이 가리시는 것 같았죠.) 교수님의 강의력 또한 수업의 질을 결정하는 매우 중요한 요소라 말 주변이 없는 그 교수님은 강의평가 점수가 낮을 수밖에 없겠다는 생각이 들었습니다.

하지만 저는 왠지 그 교수님께 수업을 들어보고 싶었어요. 강의 기간 동안 과제로 제출해야 하는 영상물과 리포트에 대한 평가가 무척 깐깐하다는 후기가 있었지만 충분히 전문성이 느껴지는 교수님이었고 그 평가를 받아보고 싶다는 생각도 들어서 제게는 그 부분이 단점으로 느껴지지 않았습니다. 그래서 저는 정정 기간 동안 수업을 옮기지 않고 그 수업을 선택했고 열심히 배웠습니다.

강의평가에서 본 내용처럼 강의에 특화된 교수님은 아니라 강의의 내용이 일목요연하게 정리되는 스타일은 아니었지만 교수님의 독특한 시각은 당시 저에게 굉장히 새로운 깨달음을 주었습니다. 그때 배웠던 내용들은 여전히 선명하게 기억에 남아 있어요. 그렇게 저는 16주 동안 많은 것을 배웠고 평가에서 모두 높은 점수를 받아 A+ 학점으로 학기를 마무리했습니다. 만약 제가 강의 전 자료들과 후기만 보고 그 수업을 선택하지 않았다면 배우지 못했을 것이었죠. 그래서 원하는 수업이 아니더라도 첫 주에 직접 강의를 들어보고 판단하는 것을 추천합니다.

몇천 원짜리 아이스크림 맛을 고를 때에도 신중하게 '맛보기 스푼'을 이용하고 결정해 구매하는데, 정작 16주의 시간을 투자해 들어야 하는 몇백만 원짜리 수업은 맛보기 스푼도 없이 되는 대로 들을 수 있나요. 좋은 수업을 신중하게 고르는 것은 여러분의 정당한 권리이기 때문에 귀찮다고 그 권리를 버리지 말았으면 좋겠습니다.

이렇게 강의가 시작하기 전 꼼꼼하게 강의 계획서를 살펴보며 나에게 맞는 수업을 고르고 시간표를 완성한 뒤, 수강정정 기간 동안 정말 내게 잘 맞는 수업일지 체크해 보는 단계까지 거쳤습니다. 이 단계대로 충분히 생각하고 따라왔다면, 그렇지 않았을 때보다 훨씬 더 만족스러운 대학생활을 보낼 수 있습니다.

그런데 이런 경우도 있어요. 꼭 들어야 하는 수업이 너무 불만족스러운 경우, 정말 열심히 강의를 고르고 수강신청을 했는데 들을 수록 강의가 마음에 들지 않는 경우. 이런 경우에는 어떻게 해야 할까요? 지금부터는 대학에서 어떻게 공부해야 할지, 중요한 마음가짐과 제 경험을 알려드릴 거예요. 이 이야기에서 위 물음에 대한 답도 찾을 수 있을 겁니다.

성적 보장!
킴닥스 공부법

지금부터는 대학에서 좋은 성적을 받을 수밖에 없는 저만의 팁들을 전수해 드릴 거예요. 수많은 일을 하면서도 좋은 성적을 유지할 수 있었던 방법입니다. 투자하는 시간 대비 성적이 잘 나올 수밖에 없는 고효율 방법이에요. 게다가 똑똑한 시험 답안으로 '교수님의 눈에 띄는 학생'이 될 수도 있습니다!

교수님의 눈에 띄면 무엇이 좋냐고요? 성적을 잘 받는 것뿐만 아니라 장학생으로 추천을 받을 수도 있고 여러 가지 실무적인 도움도 받을 수 있어요. 제가 대학을 다니던 중에 재학생을 대상으로 전공 과목 강연을 한 적이 있는데요. 전공 교수님께서 몇 년간 저를 눈여겨보시고 본인 수업에서 특강을 해달라고 제안하신 덕에 가능했던 일이랍니다.

▶ 성적을 보장하는 킴닥스 공부법 ◀

　무엇보다 이 공부법은 대학에서 배운 것들을 여러분의 '진짜 지식'으로 만들어줄 거예요. 대학을 졸업하고 나서 머릿속에서 그동안 배운 모든 것들이 증발해 버리는 인스턴트 공부가 아니라, 진한 풍미의 든든한 집밥 같은 공부입니다.

　저는 멍 때리고 쉬는 것은 좋아하지만, 영양가 없는 무의미한 시간을 억지로 보내는 것이 무척 싫어요. 그래서 어떤 일을 하든 제대로! 그 안에서 무언가를 얻기 위해 노력한답니다. 대학생활의 대부분을 차지하는 수업 시간도 알차게 쓰고 싶어서 이런 저런 시행착오를 겪어가며 저만의 공부 자세를 만들었습니다. 여러분의 소중한 20대가 아깝지 않도록, 제가 쌓은 공부 노하우를 아낌없이 알려드릴 테니 오늘부터 미래에도 알차게 써먹을 진짜 공부를 해보도록 해요!

수업의 빈틈을 채우는 능동적인 공부법

학년 별로 통일된 과목이나 몇 가지 수업을 선택해 듣는 중고등학교 시절과 달리, 대학에는 정말 많은 수업이 있고 다양한 수업을 선택할 수 있습니다. 생각지도 못한 좋은 수업을 만날 수도 있지만, 반대로 학비가 아깝다는 생각이 들 정도로 실망스러운 수업도 만날 수 있어요.

제가 구독자분들과 대학에 대한 이야기를 나누면 꼭 나오는 말이 수업의 질이 낮아 학교에 나갈 의욕도 없고 휴학을 고민하게 된다는 것입니다. 제가 즐겁게 대학생활을 하는 걸 보면서 누군가는 제가 선택한 모든 수업이 질적으로 좋아서일 거라고 얘기하기도 하더라고요. 하지만 저도 모든 수업이 100퍼센트 만족스러웠던 학기는 아쉽게도 단 한 학기도 없었습니다. 그럼에도 만족스러운 대학생활을 할 수 있었던 이유는 수업이 만족스럽지 않더라도 내가 그 수업에 임하는 마음가짐을 달리 하면 다른 결과를 얻을 수 있다는 걸 일찍 깨달았기 때문이에요.

어떤 학기에 제가 들어야만 했던 강의는 내용이 처음 기대했던 것과 달랐고 교수님의 강의 방식도 저와 맞지 않았어요. 하지만 상황상 그 강의를 수강해야 했기 때문에 제게 선택권이 없었습니다. 강의 시간에 자리에 앉아 있는 게 그저 그 공간을 응당히 채우는 일로 밖에 느껴지지 않았어요. 그때 안되겠다는 생각이 들었습니다. 그리고 고민했어요.

> 어떻게 하면 이 수업에 투자하는 내 시간이
> 아깝지 않을 수 있을까?

저는 도서관에 가서 그 수업의 목표와 관련된 책들을 찾아보았고 도움이 될 만한 몇 가지를 추렸습니다. 그리고 무작정 읽어보았어요. 어려운 내용이 많았지만 인터넷을 뒤지며 정보 조각들을 하나씩 모아 맞춰나갔습니다. 내용을 노트에 정리해 가며 그 학문의 큰 줄기를 머릿속에 그려넣었습니다. 이 과정을 몇 번 반복하며 강의에 참여했는데 정말 신기하게도 강의가 다르게 느껴졌어요.

교수님들은 우리가 배우는 분야를 오랜 시간 연구한 사람들이다 보니 가끔은 당연하다 생각해서 넘어가거나 축소해서 가르치는 부분들이 있어요. 그런데 학문의 큰 그림을 머릿속으로 얼추 그려보았더니, 그 세부적인 내용까지는 완벽하게 알지 못해도 맥락이 파악되어 강의의 빈 부분을 제가 채울 수도 있었습니다. 굉장히 신기한 경험이었어요.

그 후로 저는 '내가 직접 강의의 빈 곳을 채우자'는 마음으로 수업에 임했습니다. 도서관에 자주 출근 도장을 찍으며 관련된 책들을 눈으로 훑고 자료를 찾아보았어요. 어떨 땐 교수님께 직접 이 수업에 도움이 될 만한 책을 추천해 달라 부탁드리기도 했습니다. 교수님 입장에서는 굉장히 기특해 보이는 학생이라 더 다양한 서적이나 자료를 추천해 주시기도 하고 다양한 인사이트를 주시기도 하니 일석이조였습니다.

> 어떻게 하면 이 강의가 나에게 실질적인 도움이 될까?

이런 학습 태도를 바탕으로 수업을 듣는 동안엔 과목과 관련된 뉴스 기사의 카테고리도 자주 들락날락하며 트렌드를 확인했습니다. 강의에서 배우는 내용이 책 안에만 갇혀 있거나 시험지에만 풀어내고 증발되어 버린다면 너무 허무하니까요.

미디어 산업과 관련한 수업을 들을 때 교수님께서 "다양한 OTT서비스(Over-The-Top 서비스의 줄임말로 기존의 TV의 셋톱박스를 통해 여러 콘텐츠를 제공받는 것이 아닌, 인터넷을 통해 방송 프로그램을 비롯한 콘텐츠를 제공받는 것. 현재 가장 대중적인 서비스로는 '넷플릭스'가 있습니다.)가 출범할 것이고 경쟁이 심화될 것이다."라는 말씀을 하셨고, 저는 그날 어떤 글로벌 브랜드에서 그런 움직임이 있는지 뉴스를 검색해 보았습니다. 그리고 그 과정에서 제가 제작한 최초의 웹 무비에 대한 영감을 얻었어요. 이 프로젝트에 대한 구체적인 이야기는 뒷 파트에서 자세히 소개할게요.

영화를 영화관에서 개봉하지 않고 유튜브에서 개봉한다.

기존 영화제작인들뿐만 아니라 소셜 크루를 모집한다.

유튜브에서 흥행하기 좋은 시리즈물 콘텐츠를 만들고,

이것이 장편 영화로도 만들어지는 구조를 만든다.

콘텐츠의 장르는 다르지만 '미디어의 패러다임을 바꾸는 시도'라는 점에서는 세계적인 미디어 트렌드를 저만의 방식으로, 제가 가고자 하는 분야에 반영했던 도전이었습니다. 프로젝트는 성공적으로 끝났고 국내외에서 좋은 성과를 얻으며 영화감독으로도 데뷔할 수 있었죠. 여러분도 작은 강의실에서 배우는 내용들을 학교 밖 더 넓은 세상으로 적극적으로 끄집어내 보세요. 멋진 일들이 벌어질지도 모르니까요!

이렇게 대학에서의 학습은 그 어떤 교육과정보다도 '능동적인 태도'가 중요합니다. "내가 배우려는 만큼 배울 수 있다."는 말이 과언이 아니에요. 강의의 질이 높든 낮든, 내가 그 이상의 것을 탐구하고 가져가겠다는 마음가짐이 있다면 어떤 강의를 듣더라도 걱정 없습니다. 때로는 강의 수업보다 스스로 공부하고 탐구하고 고민했던 과정들이 더 깊게 남기도 합니다.

지금도 '대학에서 배운 것'을 떠올려 본다면 제가 능동적으로 임했던 공부들이 가장 기억에 남습니다. 물론 강의의 질이 높다면 교수님의 수업만 따라가도 많은 것을 배울 수 있겠지만 거기에 내 생각과 고민이 덧붙여지지 않는다면 그 배움은 시간이 지나 어느 순간 증발해 버릴지도 몰라요. 그러니 저는 여러분이 교수님의 강의를 따라가면서도 본인이 궁금한 부분들을 빈틈없이 채우는 능동적인 공부를 해보길 바랍니다. 그 과정에서 분명히 상상하지 못한 넓은 안목을 갖게 될 거예요.

수업 시간 필기 방법: 캡처(Capture) 노트

❝ 수업 시간에 최대한 다 끝낸다! ❞

저는 대학에 다니며 학업 외에도 여러 가지 활동을 병행했기 때문에 늘 절대적인 시간이 충분하지 않다고 생각했어요. 그래서 '24시간이 모자라'라는 가사의 노래는 다른 의미로 제 주제가였답니다. 특히 꽃이 피고 날이 좋아 행사가 많은 4, 5월은 대학의 시험 기간이기 때문에 브랜드 행사 참석이나 비즈니스를 소화하면서 좋은 성적을 얻으려면 수업 시간에 시험 대비까지 끝내겠다는 각오로 임해야 했습니다. 전투적인 자세로 의지를 활활 불태우며 수업 때 듣는 것들을 한번에 이해하기 위해 노력했어요. 그러면서 가장 효과적인 필기 방법을 찾아냈습니다. 대학 시험의 특성을 고려한 최적의 필기 방법을요! 학과마다 공부하는 것이 모두 다르지만 전체적으로 통용될 수 있는 노트법이고, 세부적인 것들은 여러분이 재학하는 학과의 시험 방식이나 수업 방식에 따라 조절해 보세요. 준비물은 태블릿 PC나 노트북 등, 타이핑할 수 있는 디바이스 하나면 끝입니다.

❶ 구어체 필기법! 교수님이 얘기하는 내용을 듣는 그대로 적기

첫 번째 단계에서는 교수님이 얘기하고 설명하는 내용을 타이핑합니다. 이때 조금 어색하더라도 완벽하고 깔끔하게 정리하려고 하지 말고, 그냥 구어체 그대로 받아 적어보세요. 아무 생각 없이 받아 적는 게 아니라 설명을 듣고 이해해 가면서 적는 게 중요해요. 그렇기 때문에 모든 말을 받아 적는 것에 집착하지는 말고, 수업과 관련된 주요 내용들을 적는 것에 집중해 보세요. 그럼 여기서 궁금할 거예요.

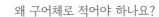

왜 구어체로 적어야 하나요?

　여기에는 두 가지 이유가 있습니다. 우선 처음 교수님 말을 받아 적다 보면 그대로 받아 적는 것도 꽤 벅찰 거예요. 처음 배우는 지식이라 낯설기 때문에 이해하는 시간도 걸리고, 사람 말을 실시간으로 타이핑하는 것도 쉽지 않거든요. 이 필기 방법이 숙달되면 나중에는 굳이 구어체 그대로 적지 않아도 스스로 완벽한 워딩을 만들어서 작성할 수 있게 되지만, 처음에는 어렵기 때문에 듣고 이해하는 그대로 적는 것을 추천합니다.

두 번째로 더 중요한 이유가 있는데, 이런 구어체 필기는 '수업 시간의 장면을 캡처(Capture)' 해주는 효과가 있어요. 캡처 노트법의 핵심은 '노트 필기 하나만으로 수업 시간의 기억을 상기시켜 모든 내용을 이미지로 머릿속에 각인시키는 것'이에요.

여러분도 학창시절 시험 문제를 풀 때, 정확히 어떤 개념이었는지 기억이 나지 않다가도 이 부분을 공부할 때 했던 생각이나 문제집에 했던 낙서, 친구와 나눈 대화, 그 개념이 적혀 있던 페이지 등이 떠올랐던 경험이 있을 거예요. 우리 뇌는 정확한 하나의 단어를 기억해 내지 못하더라도 그걸 머릿속에 입력하려고 했던 '상황들'을 기억하여 우리 기억을 보조해 줍니다.

구어체 필기는 이런 점을 효과적으로 활용할 수 있어요. 교수님이 나누어주는 자료에는 딱딱하고 정리된 단어들이 파편적으로 존재하지만 내가 수업을 들으며 적은 구어체 필기에는 그 내용을 풀어낸 문장들과 '음성'이 남아 있습니다. 그래서 나중에 시간이 지나서 필기를 봤을 때 당시 상황이 기억나고, 눈으로 보는 필기(시각)와 귀로 들리는 교수님 목소리(청각)가 더해져 기억이 더 선명해질 수 있습니다. 기억을 오래 유지시키려면 몸의 다양한 감각을 함께 활용하는 것이 효과적이기 때문에, 구어체 필기를 해두면 내 기억을 좀 더 오래 유지시킬 수 있어요. 단, 구어체 필기만 해놓으면 체계적인 공부가 어려울 수 있기 때문에 이를 보완하는 방법은 뒤에서 차근차근 설명해 드릴게요.

한번 연습해 볼까요? 실제 수업이라 가정하고 예시를 보여 드릴게요.

킴닥스 교수님

"자 오늘 수업에서 배울 내용은 킴닥스 공부법이에요. 이 공부 방법은 크게 네 가지로 설명할 수 있는데… 아 거기 맨 뒤 학생, 문 좀 닫아줄래요? 네, 고마워요. 이 네 가지 중에서 두 번째 캡처 노트법에 대해 배워볼 거예요. 화면 캡처하듯이! 여러 방법으로 이 수업 시간을 여러분 머릿속에 팍 기억해 둘 수 있는 노트법이라는 거죠."

실시간 노트북 필기

오늘 배울 내용은 킴닥스 공부법. 네 가지로 설명할 수 있는데. 네 개 중 오늘은 두 번째 캡처 노트법 배워 볼 거야. 화면 캡처하듯이! 여러 방법으로 이 수업 시간을 머릿속에 팍! 기억해 둘 수 있는 노트 방법~

완벽한 문장 전체를 적는 것이 아니라 이렇게 들으면서 내용을 추려주세요. 어미까지 완전히 적기는 어려우니 −음, −임 등

의 종결어미로 적어도 충분해요. 수업과 상관없는 내용은 당연히 적을 필요 없겠죠?

❷ 큰 제목과 소제목은 미리 분류해 두기!

구어체 필기를 하면서 그날 수업 시간에 배우는 강의 내용의 큰 제목과 소제목은 미리 분류해 두는 것이 좋습니다. 구어체 필기를 해놓은 노트를 가지고 그대로 시험 공부를 하기엔 무리가 있어서 후가공 단계들이 꼭 필요한데, 제목을 잘 정리해 두는 것은 그 중 첫 번째 단계입니다.

보통 교수님들이 PPT를 활용해 강의를 하시기 때문에 PPT에 강의의 큰 제목과 소제목이 나와 있습니다. 수업이 끝나고도 교수님이 어떤 부분에서 어떤 이야기를 했는지는 파악할 수 있어야 하기 때문에 필기하면서 이 제목들을 잘 적어두는 것이 좋아요. 그래야 나중에 이 노트를 깔끔하게 정리하는 과정에서 길을 잃지 않거든요.

교수님 말이 너무 빨라 수업 중에 제목을 체계적으로 정리하기가 어렵다면, 수업 시작 10분 전에 수업 자료를 미리 보고 타이핑을 해두는 것도 방법이에요. 이렇게 하면 수업 전 오늘 어떤 공부를 할 건지, 짧은 시간 동안 효과적으로 전체 맥락을 파악할 수 있습니다. 수업 내용도 더 잘 이해할 수 있어 공부 능률이 오르기도 합니다. 그리고 수업이 시작되면 미리 정리해 둔 목차에 해당하는 내용을 끼워넣으면 되는 거죠. 마찬가지로 예시를 보여드릴게요.

실시간 노트북 필기

킴닥스 공부법

2. 필기법: 캡처 노트법

오늘 배울 내용은 킴닥스 공부법. 네 가지로 설명할 수 있는데. 네 개 중 오늘은 두 번째 캡처 노트법 배워 볼 거야. 화면 캡처하듯이! 여러 방법으로 이 수업 시간을 머릿속에 팍! 기억해 둘 수 있는 노트 방법~

앞서 필기한 내용을 정리해 볼까요? 큰 제목은 폰트 크기를 크게, 소제목은 폰트 크기를 작게 하고 단락도 정리해 목차가 눈에 띄게 정리해 주는 게 좋습니다.

❸ 완성형 노트 만들기

세 번째 단계는 시험을 대비하며 이 필기를 깔끔한 나만의 노트로 정리해 공부하는 방법이에요. 우선 수업 시간에 나누어주는 자료와 교수님이 이야기한 내용을 내 노트에 한 번에 볼 수 있게 정리합니다. 보통 교수님들이 PPT 자료를 많이 공유하는데, 수업 시간에 화면으로 보는 용도이다 보니 텍스트로는 한 장에 정리될 내용이 여러 장의 PPT에 분배되어 있는 경우가 대부분이에요.

그래서 저는 제가 수업 시간에 필기한 문서에 PPT의 텍스트를 긁어와 내용을 보충하며 깔끔하게 정리했습니다. 이렇게 정리하면 전체적인 내용이 한 눈에 더 잘 보이고 PPT 수백 장이 문서 몇십 장으로 줄어 공부 부담도 덜 수 있답니다. 그리고 구어체로 필기한 내용들 사이 사이에 수업 자료 내용을 추가하면서 교수님이 어떤 부분에서 어떤 말을 했는지 확인하다 보면 수업 내용을 한 번 더 공부할 수 있어요. 이 과정까지 진행하면 내 노트에는 교수님이 준 자료 내용과 더불어, 교수님의 설명까지 완벽하게 들어 있게 됩니다. 교수님이 나누어준 자료는 수업에서 배울 것들을 요약한 단어나 개념으로, 파편적인 정보로 정리되어 있는 경우가 많아요. 구어체 필기를 잘 해두면 파편적인 정보 사이를 매끄럽게 연결해 주어 시험 공부를 더 빠르게 효과적으로 할 수 있습니다.

다음으로는 문서를 편집하며 '완성형 노트'를 만들어줍니다. 수업 시간에 교수님이 한 이야기를 담은 구어체 필기를 좀 더 매끄러운 말로 다듬고, 내가 이해한 내용으로 깔끔하게 고쳐주세요. 이 과정에서도 내용을 읽고 이해하며 정리하기 때문에 한 번 더 공부가 돼요. 간혹 구어체 필기가 없어도 충분히 이해되는 부분이나 자료와 내용이 중복되어 구어체 필기가 필요 없는 부분도 있는데 이런 부분은 깔끔하게 지우고 정리해 주세요.

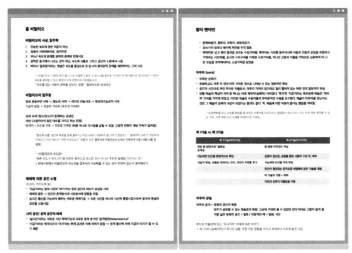

♪ 위 방법대로 정리한 킴닥스의 실제 수업 필기 내용 ♪

　이렇게 전체적인 내용이 매끄럽게 정리되었다면 교수님의 이야기는 작은 크기의 파란색 글씨로, 중요한 부분은 빨간색 글씨로, 자료 내용은 검정색으로 정리하며 완성형 노트를 만들어줍니다. 이 과정까지 진행하면 나만의 노트이자 '참고서'가 완성돼요. 마치 고등학교 때 여러 과목의 문제집을 사서 공부하듯이, 내가 직접 대학 전공 수업들의 참고서를 각각 만들어 공부하는 것입니다.

　이 방식을 숙달하고 시험을 몇 번 치르다 보면, 수업을 듣는 동안 시험에 나올 것 같다는 감이 오는 부분들이 있습니다. 그런 부분은 빨간색이나 형광펜, 또는 보라색으로 정리했습니다. 저는 수업을 들으며 떠오르는 아이디어나 생각이 확장되는 부분이 있다면 보라색으로 정리해 두었어요. 생각이 확장된다는 의미는 '이런 부분은 더 알아보면 좋겠다' 하고 생각을 넓혀가는 과정을 말합니다. 실제로 이렇게 정리한 부분에서 시험 문제가 많이 출제되기도 했고 추가적으로 공부한 부분을 적극적으로 활용해 답안지를 작성해서 좋은 평가를 얻기도 했습니다. 시험 기간에는 이런 완성형 노트 한 권이면 완벽하고 효율적인 시험 공부를 할 수 있어요.

지금까지 킴닥스 노트법으로 나만의 강의 참고서를 만들었다면 지금부터는 이 노트를 적극적으로 활용한 구체적인 시험 공부 방법에 대해 알려드릴게요!

시험 기간 공부법

저는 시험 기간이 되면 제가 만든 노트를 모두 출력했습니다. 이건 본인 공부 스타일에 따라 직접 출력하여 공부해도 되고 태블릿을 이용해 펜 필기가 되는 노트앱을 사용해도 무방해요. 저는 형광펜을 긋고 직접 글을 써가며 공부하는 것이 더 잘 되는 편이라 프린트를 했어요. 프린트 비용을 아끼고 가방을 좀 더 가볍게 만들고 싶다면 태블릿 PC의 노트앱을 준비해 주세요.

우선 정리한 노트에서 큰 제목에 분홍 형광펜, 소제목에 하늘색 형광펜을 그어주며 전체적인 흐름을 암기합니다. 물론 사용

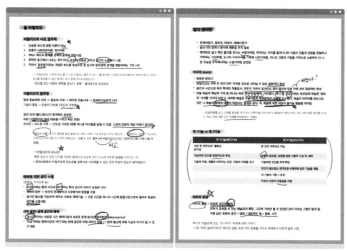

◈ 실제 필기 내용을 바탕으로 한 시험 공부 ◈

하는 형광펜 색은 달라도 돼요. 중요한 것은 노트를 멀리서 봐도 큰 제목과 소제목이 구분되면 됩니다.

전체적인 흐름을 암기했으면 연필로 밑줄을 쳐가면서 처음부터 끝까지 세부적인 내용들을 읽고 이해하며 공부합니다. 노트를 정리하며 이미 한 번 전체적으로 흐름을 살폈기 때문에 좀 더 빠르게 진도를 나갈 수 있을 거예요.

처음부터 끝까지 전체적으로 한 번 훑어주었다면 이젠 파란색 볼펜으로 중요한 부분에 깔끔하게 밑줄을 그으며 주요 내용을 체크합니다. 이때 세부적인 내용을 꼼꼼하게 암기해 주세요. 구체적인 숫자, 단어 등을 암기하는 단계입니다.

A+ 성적을 받는 남다른 답안지

●

앞서 설명한 세 가지 단계를 모두 진행하고도 시험 공부를 할 시간이 남았다면 공부한 내용과 연결해 세상 밖 이슈들을 정리해줄 차례입니다. 제가 노트 정리 단계에서 보라색 폰트로 정리한 내용과 동일합니다. 노트 정리 단계에서 이런 부분을 추가로 정리해도 되지만, 시험 공부를 하면서 진행해도 좋습니다.

수업 내용 외에 궁금한 것들이나, 수업 내용과 관련한 사회 이슈를 꼼꼼하게 체크해 보세요. 단, 정보를 찾는 것에서 그치지 않고 어떻게 수업 내용과 면밀히 연결시킬지 미리 생각하는 것이 중요합니다. 그 과정에서 나의 생각과 의견도 함께 정리해 보세요. 센스 있는 친구들은 수업 시간에 열심히 해둔 구어체 필기, 즉 교수님의 이야기도 꼼꼼히 살필 거예요. 교수님이 어떤 부분에서 어떤 이야기를 했는지 눈여겨 보면 어떤 이슈를 파고들어야 좋은 평가를 받을 답안이 될지 파악할 수 있습니다.

특히 이 단계에서 꼼꼼한 공부를 하면 여러분의 답안지에 '변별력'이 생길 거예요. 대학에서는 무엇보다도 스스로 탐구하고 공부하는 자세를 높이 평가하거든요. 다들 수업 시간에 배운 내용을 가지고 답안을 쓰는데, 누군가 수업 시간에 배운 내용을 바탕으로 자신의 생각과 의견, 세상 밖 이슈까지 더해 적절한 답변을 작성한다면 단연 눈에 띄는 답안지가 되겠죠? 출석과 과제만 잘 제출했다면 시험으로 A+ 받기 문제없어요!

이렇게 정리한 노트를 시험 전날과 시험 보러 가는 길에도 달달 외워주면 시험 공부는 완벽하게 끝이 납니다. 이런 식으로 공부한다면 어떤 시험을 만나도 걱정 없어요. 저는 에세이 형태의 답안지를 제출하는 시험인 경우엔 매 시험마다 A3 이상 되는 시험지 양면을 꽉꽉 채워 세네 장씩 제출했어요. 1시간에서 3시간 정도 되는 시험 시간 동안 큰 종이 세네 장의 양면을 꽉 채우려면 문제를 두고 머뭇거리거나 답안을 수정할 시간이 없습니다. 막힘없이 문제를 풀고 수정도 안 하려면 시험 기간에 아주 철저한 준비가 필요하겠죠. 그래서 저는 앞서 설명한 공부법을 정말 잘 활용했답니다.

앞선 단계를 차근차근 준비하면 투자하는 시간 대비 효과적으로 모든 내용을 숙지하고, 변별력 있는 답안을 쓰는 능력까지 갖출 수 있어요. 물론 여러분도 저처럼 수정 없이 세네 장씩 글을 써야 하는 것은 아닙니다. 간결하고 정확한 답안을 쓰는 것으로 충분한 시험들도 있어요. 하지만 제가 알려드린 공부법대로 차근차근 공부를 하다 보면 시험지 한 장에 여러분의 생각을 다 담기엔 턱없이 부족하다 느낄 거예요. 매 학기 이 정도의 지식을 쌓아간다면, 대학이 끝날 때쯤 여러분의 사고와 안목은 훨씬 큰 폭으로 넓어져 있을 것입니다.

악명 높은 조별 과제,
실패 없는 노하우

조별 과제에 대한 에피소드는 누구나 한 번쯤 들어봤을 거예요. 미디어에서 워낙 조별 과제에 대한 끔찍한(?) 에피소드를 많이 다루니 피하는 게 상책이라고 생각할 수도 있습니다. 물론 그런 끔찍한 에피소드들이 실제로 벌어지기도 하지만 조별 과제 수업에는 분명한 장점들이 있습니다. 지금부터는 조별 과제 수업의 장점을 최대한 살리면서, 어떤 팀원을 만나더라도 조별 과제 A+을 달성할 수 있는 저만의 팁을 알려드릴게요!

조별 과제 과정

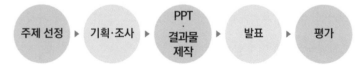

주제 선정 ▶ 기획·조사 ▶ PPT · 결과물 제작 ▶ 발표 ▶ 평가

조별 과제는 보통 각 조가 주제를 한 가지씩 선정해 이에 대해 조사하고 발표까지 하는 형태로 진행됩니다. 그리고 발표 마지막에 다른 조의 질문을 받는 시간이 있는 것이 대부분이에요. 자유롭게 질문을 하는 수업도 있지만, 질문하는 조를 미리 정해놓고 조의 구성원 모두가 발표자들에게 질문해야 하는 수업도 있습니다. 이렇게 되면 발표하는 팀도 나올 질문을 예상하여 더 구체적이고 체계적으로 발표를 준비하게 되고, 질문을 하는 조는 그 발표를 더욱 열심히 듣게 됩니다.

저는 대학에 다니며 이런 수업을 굉장히 많이 수강했어요. 그리고 가장 많이 배웠던 것 같습니다. 우선 발표를 준비하며 질문을 대비하기 위해 팀원들과 논리가 완벽한지 끊임없이 체크하는 과정을 거칩니다. 그러면 완벽하다고 생각한 논리에도 보완할 부분이 많이 보여서 팀원들과 다시 논의하며 빈틈없이 자료를 보완하고 완벽한 체계를 만들게 됩니다.

이렇게 발표를 준비하면서도 많이 배우고 반대로 질문을 하는 입장에서도 많이 배웁니다. 집중해서 다른 사람의 발표를 들으며 여러 생각을 하게 되거든요. 발표 내용에 대해 나의 생각을 정리해 보는 훈련을 할 수 있을 뿐만 아니라 발표할 때의 좋은 자세, 나쁜 자세 등에 대해 배울 수도 있습니다.

다른 사람의 질문과 답변을 통해서도 배울 수 있어요. 세상에 다양한 생각을 하는 사람들이 정말 많다는 것을 느낄 수 있습니다. 그래서 더 다양한 시각에 대해 배울 수 있어요. 교수님이 직접 수업을 하는 경우에는 조별 과제에서의 배움보다 훨씬 전문적인 지식을 배울 수 있지만, 교수님 개인의 시각 외에 더 다양한 시각을 배우기엔 부족할 수 있습니다. 하지만 조별 과제와 발표가 있으면 같은 주제에 대해서 나와 비슷한 나이대의 학생들이 어떤 생각을 갖고 있는지 알 수 있습니다. 저는 이것이 좋은 대학 수업이 가진 순기능이라고 생각합니다.

그럼 지금부터 조별 과제를 효과적으로 해낼 수 있는 몇 가지 팁을 알려드릴게요. 누군가 조별 과제를 체계적으로 리드한다면 조원으로서 따라가면 되지만, 만약 아무도 리드하지 않는다면 이 책을 읽은 여러분이 나서주세요. 알려드리는 방법대로 잘 따라오면 충분히 좋은 결과를 만들 수 있으니 겁먹지 말고요!

킴닥스의 조별 과제 타임라인

첫 번째 주 주제에 대한 세부 내용 계획, 역할 분담, 자료 조사 시작

두 번째 주 조사 내용 1차 공유, 서로 피드백 및 보완

세 번째 주 조사 내용 최종 공유하여 확정, 각자 백지 PPT 제작

네 번째 주 PPT 담당자는 PPT 제작, 발표자는 발표 준비,
　　　　　　　마지막 미팅으로 조원들과 전체 내용 점검하고 질문 대비

D-Day

❶ 계획 수립

주제를 선정했다면 그다음 중요한 것은 바로 계획 수립입니다. 발표일이 정해지면 대략 언제부터 준비를 해야 할지 알 수 있는데, 저는 넉넉하게 한 달 정도 기간을 잡고 계획했습니다.

　명확한 계획을 조원들에게 전달하고 이 일정을 최대한 지켜가며 조별 과제를 준비했습니다. 의지 자체가 없는 사람들도 물론 있지만, 대부분은 조별 과제에 대한 막연한 부담 때문에 이를 기피하고 소극적으로 나서는 경우가 많았습니다. 그래서 이렇게 명확한 계획을 제시하면 의지를 갖고 조별 과제에 적극적으로 참여하는 사람들이 많았어요. 특히 계획이 하루 단위가 아니라 한 주 단위이기 때문에, 부지런히 준비하면 부담스럽지 않게 충분히 해낼 수 있다는 것을 잘 어필했습니다.

❷ 역할 분담

두 번째로는 정확한 역할을 적절하게 분배하는 게 무척 중요합니다. 첫 미팅 때에는 주제에 대한 대략적인 내용을 만듭니다. 가장 쉽고 보편적인 서론, 본론, 결론 형태의 구조를 만들고, 그 안에 세부적인 내용을 추가합니다.

　팀원들이 모두 열정적일 때에는 시간을 들여 서론, 그리고 본론을 나누어 짜임새 있게 다같이 준비하고, 이에 대한 적절한 결론을 준비하는 순서로 일을 진행할 수 있습니다. 우선 역할 분담을 통해 각자 서론, 본론의 파트를 하나씩 맡아 내용을 충분히 조사하고, 미팅을 통해 조사한 내용을 공유하며 의견을 나누고 자료를 보완합니다. 팀원 모두 본론 내용에 대한 충분한 이해가 진행된 상황에서 결론을 도출하고 서론을 추가로 다듬습니다. 서론은 발표의 포문을 여는 파트이기 때문에 흥미를 끌 수 있어야 합니다. 그래서 발표를 준비하는 마지막까지 본문 내용을 효과적으로 끌어낼 수 있도록 다듬는 파트여야 합니다. 결론 또한 본론 내용이 체계적으로 잡힌 후에 시간을 들여 꼼꼼하게 작성하는 것이 필요합니다. 앞에서 아무리 좋은 발표를 하더라도 결론이 약하고 임팩트가 없으면 좋은 평가를 받기가 어렵기 때문입니다.

하지만 가장 문제인 상황은 팀원들이 의지가 없거나 다른 팀의 구성원들에 비해 팀원 전체의 역량이 떨어지는 상황입니다. 전자의 경우에는 미팅을 잡기가 어려운 상황이 많습니다. 그렇기 때문에 약속을 잡기 위해 진을 빼기 보다는 짧은 시간 안에 효율적으로 일을 진행하는 게 좋습니다. 저는 이런 경우에는 '수업 시간 끝나고 10분' 방법을 썼습니다. 수업 끝나고 잠깐씩 얼굴을 보고 만나서 이번 주에 해야 할 내용을 체크하는 것입니다. 수업 자체에 나오지 않는 사람이야 조별 과제에서 없는 사람 셈 치고 역할을 분배하면 되지만, 수업에는 성실히 참석하면서 조별 과제에 불성실한 사람도 있기 때문에 수업 시간 끝나고 10분만 이야기를 나누자고 하는 것은 꽤 효과적인 방법이었습니다. 그러면 눈치가 보여서라도 만나서 얘기를 하고 역할을 가져가게 되거든요. 조별 과제를 진행하며 배울 수 있는 것들을 충분히 배울 수는 없어 아쉽지만 일은 잘 진행할 수 있는 방법입니다.

내가 속한 팀이 다른 팀의 구성원들에 비해 전체적으로 역량이 떨어지는 후자의 경우에는 서로 도우면서 최대한 좋은 성과를 내기 위해 노력해야 합니다. 답답한 경우도 비일비재하게 생기지만 나 또한 모든 것에 완벽할 수 없고, 더 큰 사회에 나가서 일을 할 때 역시 역량이 부족한 사람도 함께할 수 있어야 좋은 팀을 만들 수가 있습니다. 보통 같은 학년끼리 듣는 수업에서는 이런 경우가 거의 없지만, 다양한 학년이 섞여 듣는 수업에서는 역량 차이가 발생할 수밖에 없습니다. 특히 전공 수업에서는 학년이 높을수록 더 많은 것들을 심도 있게 배우기 때문에 선배들이 많이 속한 조가 보통은 유리할 수밖에 없습니다. 대학에 처음 입학한 친구들이야 이런 경우에는 열심히만 하면 되지만, 선배 입장인 친구들은 어떻게 조별 과제를 잘 이끌어 갈까 난처할 것입니다.

이런 경우에도 조원들과 다 함께 의논해 발표의 각 파트를 만들어갈 수 있지만, 조원 각각이 담당할 파트를 배분해 주는 방법도 있습니다. 파트를 똑같이 배분하는 것이 아니라, 좀 더 잘할 수 있는 친구들에게는 어려운 파트를, 어려움을 겪는 친구들에게는 수월하게 조사하고 탐구할 수 있는 부분을 배분해 주는 것입니다. 이렇게 일을 진행하면 서로가 각자의 역량을 발휘해서 자신감을 갖고 과제에 참여할 수 있고 모두 만족하며 발표를 끝낼 수 있었습니다.

조원의 장점을 최대한 살릴 수 있는 파트를 배분해 주는 것도 조별 과제의 좋은 결과를 위한 노하우입니다. 제가 다니던 학과에는 특히 외국인 유학생들이 많았는데, 한국어를 유창하게 하는 학생들도 있었지만 그렇지 않은 학생들도 많았습니다. 이런 학생들은 조원 모두가 발표를 해야 하는 조별 과제에서 특히 어려움을 겪을 수밖에 없었습니다. 그래서 저는 외국인 유학생과 한 조가 되면 내용을 이해할 수 있게 도와주고, 모국의 사례를 가져오는 파트를 추가해 볼 것을 제안했습니다.

예를 들어 중국 유학생인 경우에는 주제에 대한 중국 시장의 흐름이나 현지 반응 등, 해당 문화를 알아야만 구체적으로 알 수 있는 것들을 소개하는 파트를 만들었습니다. 이렇게 하면 유학생은 모국어로 자료들을 보다 빠르게 찾을 수 있고, 조사하는 자료의 퀄리티가 높아져서 조별 과제 전체 퀄리티에도 긍정적인 영향을 줄 수 있었습니다. 또 발표를 할 때 자신감을 갖고 이야기를 할 수 있고 질문에도 적극적으로 대답할 수 있었습니다. 그리고 이 과정에서 저를 포함한 다른 조원들 또한, 익히 알고 있는 한국 사례뿐만 아니라 외국의 다양한 문화와 사례를 접하고 서로 교류할 수 있어서 과제를 준비하며 많은 것들을 배우고 견문을 넓힐 수 있었습니다.

❸ 자료 조사와 백지 PPT

역할을 분담하고 본격적으로 자료 조사를 진행하는데, 1차로 각자 자료 조사를 한 뒤 부족한 부분에 대해 피드백을 하여 각자의 자료를 한 번 더 보완합니다. 이렇게 완벽하게 자료 조사를 한 뒤에는 '백지 PPT'를 제작하는데요. 제가 대학 내내 잘 쓴 방법인데 의외로 모르는 분들이 많더라고요. 그래서 자세하게 준비했습니다.

백지 PPT는 완벽한 발표용 PPT를 만들기 전, 일종의 '가이드 PPT'라고 생각하면 됩니다. 백지에 디자인도 없는 검은 글자와 디자인되지 않은 자료 이미지들이 들어가 있는 상태입니다. 이 백지 PPT 방법을 효과적으로 사용하려면 조원 모두가 각자가 조사한 내용을 백지 PPT로 만들어 PPT 디자인 담당자에게 전달해야 합니다. 많은 경우에 자료 조사 따로, PPT 제작 따로 역할을 분배하는데 저는 이런 분배를 선호하지 않았습니다. 왜냐하면 PPT는 예쁘게 만드는 것이 아닌, '발표를 위해' 만드는 것이니까요. 그렇기 때문에 PPT 제작자가 자료 조사 역할과 완전히 분리되어 전체 내용을 완벽히 이해하지 못한 채로 PPT를 만들면 좋은 PPT가 만들어질 수 없는 것이죠.

그래서 모두가 자료 조사를 하고 PPT를 잘 만들 수 있는 한 사람이 PPT를 만들되, 그 구조를 만드는 과정에는 모두가 참여해야 합니다. 물론 PPT까지 제작하는 사람이 일이 훨씬 많으니 자료 조사 양이 많지 않은 파트를 맡도록 적절하게 배려해 주는 것도 필요합니다.

백지 PPT는 '팀워크'의 힘을 십분 발휘하는 방법이기도 합니다. 한 명의 PPT 제작자가 모든 자료 내용을 다 읽고 이해하는 과정을 거친 뒤, 무에서 유를 창조하여 PPT를 만든다고 하면 시간이 훨씬 오래 걸릴 것입니다. 하지만 조별 과제 기간 동안에 각자가 맡은 파트의 전문가가 된 조원들이, 자료 조사한 내용을 정리해 PPT에 필요한 부분을 뽑아낸다면 시간이 훨씬 줄어듭니다. 이해의 깊이도 다르기 때문에 훨씬 더 효과적인 발표용 PPT를 만들 수 있습니다. 그렇다면 조원들이 각자 백지 PPT를 만들기 전, 체크해야 할 원칙에 대해 알아볼까요?

백지 PPT 만들 때 주의할 점

❶ 자료 조사한 내용을 그대로 줄글 형태로 갖다 붙이지 말고, 간결하게 문장을 정리하고 키워드를 뽑는다.

❷ PPT는 시각 자료이기 때문에 글만 넣는 것이 아니라 관련된 이미지를 찾아넣어 보내주는 것이 PPT를 제작하는 조원에게 도움을 주는 것이다.

❸ 한 장에 모든 내용을 넣지 말고, 발표할 것을 고려하여 PPT를 적절히 넘길 수 있도록 여러 장에 내용을 배분해야 한다.

▶ 실제 제작한 백지 PPT와 디자인된 PPT 예시 ◀

❹ 전체 내용 점검과 질문 대비

조원들이 각자 백지 PPT를 전달해 PPT까지 완성되었으면 마지막 미팅을 가져야 합니다. 이 단계까지 오면 정말 완벽한 조별 과제 준비를 마친 거예요. 마지막으로는 완성된 PPT를 보면서 전체 내용을 함께 숙지합니다. 조원들이 모두 잘 참여했는지 깐

깐하게 평가하는 교수님들이 많기 때문에, 조원들이 모두 내용을 숙지하고 있어야 평가에서 불이익을 받는 불상사를 막을 수 있습니다.

특히 결론이 찬성 또는 반대로 나오는 주제인 경우에는 조별 과제인 만큼 조원들이 모두 같은 의견이어야 합니다. 교수님이 질문을 했을 때 조원들이 서로 다른 애기를 한다면 조별 과제에서 좋은 점수를 받을 수 없겠죠? 그렇기 때문에 마지막 체크는 마지막 단추를 잘 여미는 것처럼 무척 중요합니다. 이 과정에서 예상 질문지를 만들고 조원들끼리 질의응답을 해보면서 답변을 준비하면 더욱 완벽한 대비를 할 수 있습니다. 여기서 허점을 발견해 PPT를 더 보완할 수도 있고, 예비 답안이나 서브 자료를 준비할 수도 있어요.

지금까지 조별 과제를 효과적으로 준비하는 몇 가지 팁들을 알려드렸는데요. 이렇게 열심히 준비를 하고 나면 가장 중요한 D-Day 발표가 남았죠. 그러면 지금부터는 발표를 잘하는 저의 노하우를 공유해 보도록 할게요!

알아두면 쓸모 있는
발표 노하우

대학에 오면 누구나 한 번쯤은 PPT를 만들고 발표를 하게 됩니다. 그리고 이것으로 평가를 받죠. 하지만 PPT를 잘 만들고 발표를 잘 하는 것에 대한 명확한 기준이 없다 보니 PPT는 최대한 예쁘게 만들고, 발표는 말을 유려하게 하기 위해 애쓰는 친구들이 많습니다. 그러다 보면 화려한 무지개 폰트와 귀여운 캐릭터 배경의 총천연색 PPT가 탄생하고 준비한 글을 읽느라 청자와 눈을 마주치지 않는 발표자가 탄생하기도 하죠.

PPT는 어떻게 잘 만들 수 있을까요?
발표 잘하는 방법이 궁금해요!

이 두 가지는 제가 꾸준히 받는 질문입니다. 이번 파트에서는 좋은 발표에 대한 구체적인 답이 되는 내용들로 준비했어요.

좋은 발표자는 어떤 사람인가

●

저도 어떻게 하면 더 발표를 잘 할 수 있을지 여전히 많이 고민한답니다. 대학에 다니면서 워낙 발표 과제가 많기도 했고 대학 생활 중에 연사로 강연을 하는 경우도 많아서 발표자의 애티튜드에 대해 항상 고민했습니다. 그러던 어느 날, 제 발표 역량을 성장시키는 데에 큰 영향을 준 사건이 일어납니다.

대학교 4학년 때 S카드사 임직원을 대상으로 강연을 한 적이 있습니다. 다른 강연과 달리 동일한 강연을 한 주에 한 번씩, 2주에 걸쳐 진행하는 것이었어요. 임직원들의 역량 교육 중 제가 한 파트를 맡았던 것인데, 제가 하고 있던 1인 미디어 활동과 영상 제작에 대한 이야기를 하는 강연이었고, 저는 늘 하던 것처럼 강연 내용을 꼼꼼히 준비했습니다.

첫 강의 날, 오전 학교 수업을 끝내고 오후에 교육을 진행하는 S사 빌딩으로 찾아갔습니다. 아래에서 대기를 하다가 시간이 되어 강연장으로 들어섰는데, 들어 갔을 때의 분위기가 그동안의 강연과는 사뭇 달라 처음으로 '아차' 싶더라고요. 그 전까지 제가 섰던 강연은 늘 자발적으로 강연에 참여한 청중들이 있었고, 또는 제가 하는 일에 무척 관심이 있는 사람들이거나 저에게 호의적인 구독자들이 있는 강연이었습니다. 하지만 그 강연에 모인 사람들은 자발적인 청중도 아니었을 뿐더러 제가 하는 일에 관심이 없거나 심지어 잘 알지 못하는 사람들이었습니다. 단지 회사의 교육을 이수하기 위해 온 사람들이 대부분이었거든요. 저는 침착하게 강연을 이끌어 나갔고 청중들의 반응을 면밀히 살폈습니다. 다음 주에 다른 청중들 앞에서 동일한 조건의 강의를 해야 했기 때문에, 청중들이 어떤 부분에서 흥미로워하고 지루해하는지 체크해야 했습니다. 그렇게 강연은 무사히 잘 끝냈지만 스스로 만족스럽지 못한 강연은 처음이었습니다. 걱정이 되기 시작했습니다.

다음주 강연 어떡하지…? 뭘 바꿔야 하지?

고민을 하며 며칠이 흘렀지만 여전히 답은 찾지 못했습니다. 그리고 전공 수업을 들으러 학교에 가는데 그날은 한 아나운서분이 특강을 하러 오는 날이었습니다. 아나운서를 지망하는 학생들이 주로 듣는 전공 수업이었는데, 저는 말을 매끄럽게 잘하는 방법을 배우고 싶어서 신청했던 수업이었습니다. 기대하는 다른 친구들과는 달리 저는 별다른 감흥 없이 자리에 앉아 있었고 교수님이 수업 전반부를 진행하신 뒤 특강 시간이 되었습니다.

누군가 문을 벌컥 열고 들어와 크게 인사하며 날이 좋다는 말과 함께 강단에 서서 학생들을 바라보았습니다. 그 특강의 주인공인 아나운서였습니다. 저는 그 순간이 여전히 기억이 납니다.

봄이 가고 여름이 막 찾아오던 계절이었는데, 여름 특유의 느린 공기와 더불어 강의실이 순식간에 고요해지고 모두가 그 아나운서에게 집중하고 있었습니다. 시원시원한 말투와 선명한 발음, 순식간에 사람들을 휘어잡는 은근한 포스는 당시 저에게 신선한 충격을 주었습니다.

그 아나운서는 특강 시간 동안 아나운서로 활동하며 겪은 다양한 에피소드를 이야기해 주었고 어떤 어려움을 이겨내고 꿈을 이룰 수 있었는지 진솔하게 이야기했습니다. PPT를 준비하지도 않았고 이야기에도 정해진 순서가 없었음에도 불구하고, 당시에 들었던 강연 중 가장 기억에 남는 시간이었습니다. 심지어 저는 그 직업에 관심이 없었음에도 어느 순간 푹 빠져서 듣고 있었으니까요. 저는 그때 제가 생각하던 '발표자'에 대한 정의를 다시 정리했습니다.

> 좋은 발표자는 똑똑하고 말을 잘하는 사람이 아니라,
> 청중에게 영감을 주는 사람이구나.

아무리 많은 정보를 준다고 한들 그 정보가 청중에게 와닿지 않는다면 기억에 남는 강연일 수 없을 것입니다. 하지만 반대로 내가 평소에 궁금한 적 없던 정보이더라도, 이를 전달하는 연사에게 '에너지'가 있다면 기억에 남는 강연이 될 수 있습니다.

▶ S사 강연 당시 모습 ◀

저는 그때 청중이 연사에게 몰입하는 요인은 유려한 말솜씨
뿐만이 아니란 것을 깨달았습니다. 발표자의 에너지, 제스처, 애
티튜드, 그 날 입고 온 옷과 이미지까지. 결국 발표는 청중의 마
음을 건드리는 쇼로써, 그 시작과 끝은 발표 내용을 이야기하고
마치는 순간이 아니라 '공간에 입장하는 순간부터 나가는 순간
까지'인 것입니다.

저는 그전까지 발표를 잘하기 위해서 말을 매끄럽게 하고 좋
은 내용을 준비하는 것에 시간을 쏟았습니다. 그래서 무대에 올
라 준비한 이야기를 꺼내고 좋은 메시지를 던지며 발표를 마무
리하곤 했습니다. 하지만 이 깨달음을 얻고 나서는 청중 앞에서
내가 준비한 말을 완벽하게 뱉고 오는 것보다 듣고 있는 사람들
에게 실시간으로 어떤 영감을 주는지가 중요해졌습니다.

바로 며칠 뒤, S사의 빌딩에서 열린 두 번째 강연에서는 완전히 다른 모습으로 강연을 진행했습니다. 발표 내용도 조금씩 수정했을 뿐만 아니라, 처음 입장할 때부터 강의장을 나갈 때까지가 강연의 시작과 끝이라고 생각하고 청중에게 영감을 주고 가겠다는 마음가짐으로 임했습니다. 그랬더니 결과는 놀랍게 달라졌어요. 처음부터 끝까지의 분위기도 무척 달랐고, 청중들의 반응도 훨씬 좋았습니다. 두 강연이 일주일 간격이었다 보니 그 변화가 더 크게 체감되어 신기했고, 제 인생에 있어서도 무척 큰 깨달음을 준 경험이었습니다.

킴닥스의 발표 잘하는 팁

그럼 지금부터는 구체적인 발표 팁을 알려드릴게요. 다년간 다양한 발표 자리에 서며 느낀 것들을 한 번에 정리해 봤어요!

발표 잘하는 팁
❶ 청중은 사람이고 발표는 대화다
❷ 청중과 눈을 맞출 것
❸ 말 끝을 분명히 할 것
❹ 질문에 답변을 할 때엔 두괄식으로 대답할 것
❺ 상황에 맞는 옷을 입는 것은 센스
❻ 발표 중 청중이 어떤 것에 반응하는지 체크할 것

❶ 청중은 사람이고 발표는 대화다

발표에서 가장 중요하고 기본이 되는 것이라고 생각해요. 많은 분들이 어떻게 수많은 사람들 앞에 서서 떨지 않느냐고 물어보시는데 이 생각이 무척 도움이 됩니다. 제가 앞서 들려드린 경험을 통해 느낀 것은 발표나 강연은 혼잣말이 아니라 '대화'라는 것이었어요. 발표를 하기 위해 섰을 때 내 앞에 앉아 있는 사람들은 나를 평가하는 로봇도 아니고 말이 안 통하는 외계인도 아니고, 나와 대화를 하기 위해 온 '사람들'이라고 생각하는 것이죠. 그러면 안 되겠지만 혹시 내가 중간에 말을 잊어 먹더라도 양해를 구할 수 있는 '사람들'이기에, 처음부터 끝까지 결점 없이 완벽한 말을 해야 한다는 부담을 내려놓고 청중 앞에 서는 것이 훨씬 도움이 됩니다. 그리고 앞서 이야기한 것처럼 나 혼자 완벽한 이야기를 뱉고 끝내는 것이 아니라 청중의 반응을 유연하게 받아들이며 발표에 반영하는 '대화'라고 생각하는 것입니다.

❷ 청중과 눈을 맞출 것

청중과 눈을 마주치는 것은 발표의 기본입니다. 가끔 대학 발표에서 발표 스크립트만 보고 발표를 하는 학생들이 있어요. 그렇게 하면 글을 읽기만 하면 되니 말은 매끄럽게 할 수 있을지 몰라도 좋은 발표는 할 수 없습니다. 발표 스크립트를 가지고 올라가서 읽더라도 이를 최대한 말하듯이 전달하는 것이 중요해요.

어렵다면 한 문장의 끝에서 청중을 바라보며 말을 종결하고, 다시 스크립트의 한 문장을 읽는 것을 반복하며 연습해 보세요. 숙달되면 좀 더 자연스럽게 발표를 진행할 수 있을 거예요.

❸ 말 끝을 분명히 할 것

말 끝을 불분명하게 흐리거나 명확하게 끝내지 않는 것은 발표자에게 무척 나쁜 습관입니다. 말이 길어지고 말 속에 담긴 메시지가 흐려져요. 그래서 평소에도 말을 간결하고 명료하게 하는 연습을 하는 것이 좋습니다. '~라고 생각합니다', '~입니다' 등 명료하고 분명한 말로 끝을 맺어주세요. 발음도 흐리지 않는 것이 중요해요.

❹ 질문에 답변을 할 때엔 두괄식으로 대답할 것

발표가 끝나고 질의응답을 하는 시간에 꼭 필요한 자세입니다. 질문을 받으면 두괄식으로 대답하세요. 물론 질문에 따라 간혹 미괄식으로 대답해야 더욱 효과적인 것들도 있습니다. 하지만 발표가 어색하고 많은 사람들 앞에서 이야기하는 것이 어려운 사람들은 두괄식으로 대답하는 것을 연습하는 것만으로도 훨씬 발표 역량을 키울 수 있어요. 두괄식 대답은 질문의 요지를 흐리지 않고 청중에게도 답변의 만족감을 높여줄 수 있는 방법이라 잘 활용하는 게 좋습니다.

❺ 상황에 맞는 옷을 입는 것은 센스

의외로 많은 사람들이 간과하는 부분이에요. 저는 강연뿐만 아니라 대학생활 중에 했던 모든 발표에서도 옷을 단정하게 입었습니다. 아무리 작은 규모의 발표라고 해도 가벼운 자켓, 블라우스나 셔츠 등 깔끔하고 신뢰감을 줄 수 있는 옷을 입었습니다. 그 이유는 앞서 이야기한대로 발표는 청각뿐만 아니라 시각적인 것들이 무척 중요한 쇼이기 때문입니다. 그래서 발표자의 이미지도 발표 내용에 큰 영향을 미칩니다. 학교 수업 중에 하는 발표라면 평소보다 옷을 단정하게 입는 것만으로도 발표에 진지하게 임한다는 표현을 할 수 있으니 이런 사소한 부분들도 놓치지 않길 바라요.

　저는 발표하는 공간과 상황, 청중에 따라 옷과 액세서리를 다르게 준비합니다. 컨퍼런스에 참여할 때에는 위 아래 단정한 바지 정장 셋업을 즐겨 입고, 저를 유튜버로 기대하고 오는 청중들이 있는 강연에는 화려한 패턴이나 컬러의 옷을 입습니다. 또는 특정 브랜드, 기업, 기관의 강연을 진행할 경우에는 해당 로고나 시그니처 컬러를 미리 조사해 의상을 준비하는 데에 참고합니다.

❻ 발표 중 청중이 어떤 것에 반응하는지 체크할 것

앞서 발표가 일종의 '대화'라고 이야기했는데요. 우리가 대화할 때 상대의 반응을 살펴가며 이야기의 완급이나 흐름을 조절하듯이 발표도 마찬가지입니다. 청중이 집중하는 포인트, 무언가를 적는 부분, 고개를 끄덕이거나 사진을 찍는 부분 등을 통해 내 발표의 어떤 부분에 관심을 가지는지 파악할 수 있습니다. 발표에 숙달된 사람이라면 이런 것들을 미리 체크하고 발표에 바로 적용시킬 수도 있고 이후 질의응답 시간에 적극적으로 활용할 수도 있습니다. 처음에는 쉽지 않더라도 꾸준히 역량을 쌓아가다 보면 능수능란하게 청중들과 대화를 할 수 있을 거예요.

지금까지 어떻게 하면 좋은 발표자가 될 수 있는지, 구체적인 팁과 함께 알아보았는데요. 시각적인 것이 중요한 발표인 만큼 보조 자료인 PPT를 잘 만드는 것 또한 무척 중요합니다. 특히 대학생활 중에는 조별 과제 발표, 개인 발표 등 다양한 발표용 PPT를 만들어야 하는 상황이 많답니다. 그러면 지금부터 PPT를 잘 만들 수 있는 팁도 함께 알아보도록 할게요!

눈길을 사로잡는 PPT 만들기

제가 다녔던 학과는 특히 발표 수업이 많았던 과라 대학에 다니면서 발표용 PPT를 만들 일이 무척 많았고, 저는 학교생활과 강연을 병행하면서 과제용 PPT뿐만 아니라 강연용 PPT, 졸업 후에는 사업 소개 PPT 등 여러 가지 목적의 PPT를 제작했습니다. 세보지는 않았지만 지금까지 만든 PPT가 백 개는 훌쩍 넘을 거예요. 그리고 여러 PPT를 만들며 공통적으로 고심한 것이 있습니다.

발표 목적에 충실하게 부합하는가

많은 분들이 PPT를 만드는 법에 대해 물어볼 때 가장 먼저 '디자인'을 하는 방법을 묻습니다. 하지만 저는 디자인에 앞서 중요한 것이 바로 '목적을 정확하게 알고 있는지'라고 생각합니다. 목적과 상황에 따라 디자인도 바뀌어야 좋은 PPT니까요.

예를 들어 긴 시간 동안 발표를 해야 한다면 저는 PPT에 단어를 최소화하고 이미지를 많이 넣어 PPT 장수를 늘립니다. 시각 자료가 계속 멈춰 있는 것보다 자주 바뀌는 것이 긴 시간 동안 청중의 집중력을 떨어뜨리지 않는 방법이거든요. 반대로 짧은 시간 동안 발표를 해야 한다고 하면 열 장 이내로, 최대한 내용을 압축하여 명료하게 제작합니다. 후자의 경우 전자보다 PPT 한 장에 들어간 글이 훨씬 많습니다. 대신 한 눈에 파악할 수 있도록 적절한 도식과 이미지를 활용해 보충해 줘야겠죠.

청중이 누구인지 고려하는 것도 무척 중요합니다. 나보다 어리거나 또래의 친구들 앞에서 발표를 한다면 PPT의 컬러를 좀 더 밝게, 유행하는 밈(meme)과 짤을 이용해 청중의 흥미를 끄는 것도 방법입니다. 그러나 청중이 나보다 나이가 많고 특정 분야의 전문인들이거나 발표장의 분위기가 엄숙하다면 PPT 컬러를 너무 밝지 않게, 깔끔하고 단정한 폰트와 정리된 언어를 사용하는 것이 좋습니다. 물론 이 안에서 내가 어떤 역할로 참석하는지도 PPT 디자인에 영향을 줍니다. 엄숙하고 무거운 발표장에 전문인으로 참여하는지, 또는 트렌디한 인사이트를 줄 젊은 발표자로 참여하는지에 따라 PPT의 컨셉을 바꿔주는 것이 좋습니다. 후자의 경우는 조금 더 밝은 컬러로, 의도적으로 밈을 사용하거나 영상 등의 다양한 시각 매체를 활용한 PPT를 만들 수 있습니다. 이렇게 한다면 좀 더 센스 있는 발표자가 될 수 있겠죠.

잊지 말아야 할 것은 PPT는 '발표의 보조 수단'이라는 것입니다. 어딘가에 제출하는 제안서나 기획안 PPT가 아니라면 대부분의 PPT는 발표를 위해 제작합니다. 즉 PPT가 내가 말하는 내용을 시각적으로 한 눈에 알아볼 수 있게 보조해 주어야 합니다. 그렇기 때문에 발표 내용과 상관없이 내가 좋아서 넣는 이미지는 발표의 질을 떨어뜨리게 되니 주의해야 합니다.

발표 PPT의 목적을 정확하게 파악해 컨셉을 정했다면 이제 본격적으로 PPT를 만들 차례입니다. 제가 지금도 활용하고 있는 PPT 제작 팁을 공유해 드릴게요.

❶ 키 컬러(Key Color)와 서브 컬러(Sub Color) 정하기

저는 가장 먼저 '키 컬러'를 정합니다. PPT 전체에 사용할 메인 색상을 정해주는 것이죠. 발표 내용과 어울리는 컬러를 정할 수도 있고, 비즈니스 기획안이나 제안서 PPT를 제작할 때에는 제안하는 회사 또는 기관의 로고 색상, 키 컬러를 참고합니다. 메인 컬러를 정한 뒤에 이 컬러와 어울리는 서브 컬러를 정합니다.

예를 들어 제가 '킴닥스 스튜디오' 회사에 제안서를 보낸다고 한다면 메인 컬러를 센스 있게 보라색으로 잡을 거예요. 그리고 서브 컬러로 보라색과 톤이 맞는 연보라, 분홍 등을 설정할 수도 있고, 보색으로 강조하기 위해 노란색을 택할 수도 있습니다. 이때 주의할 점은 보라색 같은 색상은 검정색, 회색, 파란색처럼 딱딱하고 포멀한 색상이 아니기 때문에 PPT의 키 컬러로 설정할 경우 쉽게 촌스러워지거나 과해질 수 있어요. 전문 디자이너가 아닌 경우에는 메인 컬러를 단정하고 무난한 색상으로 잡고, 서브 컬러를 보라색으로 설정해 포인트를 주는 것도 전략이에요.

❷ 발표 내용과 어울리는 디자인 컨셉 잡기

컬러를 정했다면 이에 어울리는 컨셉을 잡는 것이 필요합니다. 발표 목적에 따라 분위기나 톤을 고려하여 디자인의 전체적인 컨셉을 잡아주세요. 컬러 자체와 어울리는 컨셉을 잡아줄 수도 있어요. 구체적인 컨셉을 잡는 방법은 다양한데요. 제가 제작한 실제 PPT로 설명할게요.

▶ 대학생활 중 제작한 'MCN 산업' 주제 발표 PPT ◀

▶ 대학생활 중 제작한 '뷰티 브랜드 마케팅' 주제 발표 PPT ◀

제가 과제로 발표하기 위해 제작했던 PPT 중 일부입니다. 내용은 보이지 않게 가렸으니 컬러를 중심으로 봐주세요. 우선 첫 번째 PPT는 주제와 어울리는 깔끔한 색상을 키 컬러로 잡았습니다. 다크블루, 코발트블루를 교차 이용하며 PPT의 전체적인 디자인을 만들고 주제와 어울리게 컴퓨터 화면 안에 자료가 떠 있는 컨셉을 잡았습니다. 단 모든 PPT 화면이 컴퓨터 화면이면 지루하기 때문에, 소제목이나 강조할 부분에서 컴퓨터 화면 디자인을 사용하고 그 외 내용들은 자료를 강조하기 위해 다크블루 색상을 배경색으로 깔아 화면을 깔끔하게 구성하는 형식을 택했습니다.

두 번째 PPT는 브랜드의 SNS 마케팅을 조사하는 조별 과제였는데 저희 조가 선택한 브랜드가 뷰티 브랜드였기 때문에 키 컬러를 분홍색으로 잡았습니다. 그리고 주제에 대한 자료 조사로 핸드폰 화면을 캡처해서 보여주어야 하는 이미지가 많았기 때문에, 전체 컨셉을 트렌디한 SNS의 느낌을 살려 디자인했습니다. 첫 번째 PPT는 깔끔함을 살리기 위해 화면 디자인에 사각형을 주로 사용했고, 두 번째 PPT는 조금 더 트렌디한 느낌을 강조하기 위해 사선이 강조된 평행사변형을 사용했습니다. 폰트도 이런 느낌에 어울리는 것으로 정하고 폰트에 획과 그림자를 넣어 디자인했습니다.

이런 식으로 내가 보여줄 자료를 조금 더 재미있게 전달할 컨셉을 고민해 보고 명확한 컨셉을 잡아 전체 PPT 디자인을 통일시켜 줍니다.

❸ 안내선을 활용해 반복되는 디자인으로 통일감 만들기

PPT를 프로페셔널하게 만들어주는 중요한 요소 중 하나가 '통일 감'입니다. 처음부터 끝까지 같은 디자인 형식으로, 마치 한 권의 책처럼 느껴지는 것이 좋아요. 팁이라면 매 장마다 같은 위치에 소제목이나 텍스트가 들어가는 것인데요. 이렇게 하면 전체적인 통일감은 있지만 디자인이 단조롭게 느껴져 금방 지루하기도 합니다. 그래서 PPT 장마다 디자인에 다양성은 주되, 전체적으로 글자나 이미지가 들어간 위치가 중구난방하지 않게 만들어 주는 것이 좋습니다.

이때 사용하기 좋은 것이 바로 '안내선'이에요. 전문 디자인을 하는 분들에게는 아주 친숙한 개념이지만 학생들에게는 생소한 기능일 거예요. 전문 디자인 프로그램뿐만 아니라 PPT에서도 안 내선을 활성화시킬 수 있습니다. 상단 메뉴창의 보기 > 눈금자 를 활성화한 뒤, 안내선을 체크하면 다음 그림과 같은 화면이 만 들어져요. 가운데 십자 모양으로 활성화된 안내선에서 우클릭을 하면 가로 세로 새 안내선을 추가할 수 있습니다.

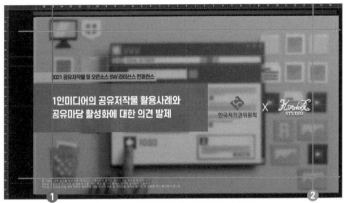

▶ 파워포인트에서 안내선 기능을 활성화한 화면 ◀

이런 식으로 안내선을 활성화시켜 1번과 같이 각 텍스트가 시작되는 선을 맞추고, PPT 장 마다 통일성을 줍니다. 그리고 2번처럼 가로 세로에 1센티미터 정도의 여백을 주어 이 밖으로는 텍스트가 벗어나지 않게 맞춰주는 것만으로도 깔끔한 PPT를 완성할 수 있어요.

다음 PPT는 제가 가장 최근 한 컨퍼런스에서 발표하기 위해 제작한 것입니다. 함께한 공공기관의 로고 색상이 주황색인 것에 착안해 키 컬러를 주황색으로 잡고 서브 컬러를 회색으로 잡았습니다. 공식적인 자리였기 때문에 전체적인 디자인 컨셉은 깔끔하게 잡고 이미지를 많이 사용했으며 영상을 삽입하여 발표 내용을 보완했습니다. 마찬가지로 안내선을 활용해 디자인했습니다. 한눈에 봐도 디자인의 통일감이 느껴지죠? 앞서 알려드린 방법대로 PPT를 제작한다면 여러분도 전문가 못지 않은 발표 자료를 만들 수 있을 거예요.

▶ 설명한 팁들을 충분히 활용한 PPT ◀

이번 파트에서는 수강신청부터 시간표 짜는 방법, 노트 필기법과 시험 기간 공부법, 그리고 조별 과제 팁과 발표, PPT 팁까지 대학생활의 가장 중요한 부분인 '학업'에 대해 아주 꼼꼼히 알아보았어요. 제가 대학생활을 하며 쌓은 많은 노하우를 아낌없이 전수해 드렸는데 어떤가요? 여러분도 멋진 대학생활을 하며 A+를 받을 수 있을 것 같다는 자신감이 드나요? 공부하는 자세를 제대로 만들어 놓으면 대학에서 좋은 성적을 얻을 수 있는 것뿐만 아니라, 대학을 졸업하고 여러분이 새로운 지식을 배울 때에도 큰 도움이 될 거예요.

저도 지금까지 알려드린 팁들을 십분 활용하면서 대학생활 동안 열심히 공부했고, 덕분에 우수한 성적으로 졸업을 할 수 있었답니다. 여러분도 저의 기를 팍팍 받아서 잘 놀고 잘 먹고 성적도 잘 받는 만능 캐릭터가 되길 바랍니다. 그러면 지금까지 열심히 공부하는 이야기를 했으니 다음 파트에서는 대학생활의 꽃인 다양한 대학 내 활동들에 대해 알아볼까요?

대학생활 시작!
나를 위한 진짜 공부

같은 대학 공부에서도 나만의 길을 찾을 수 있어요.
두원공과대학교 간호학과 18학번 | 김지원(대학생)

예비 간호사 김지원입니다. 제 꿈의 종착점은 여성 용품을 개발하는 사람이 되는 것입니다. 그래서 병원에서 임상 경험을 쌓은 다음, 이 경험을 바탕으로 여성용품을 개발하는 것을 목표로 하고 있어요. 또 제가 개발한 제품으로 사회취약계층에 도움을 주고 싶습니다. 여성들이 더욱 편하게 생활할 수 있도록요.

저는 산부인과에 종사하는 사람이 되고 싶다는 막연한 목표와 부모님의 권유로 간호학과에 입학했습니다. 학교 생활을 하면서는 간호학 공부가 무척 어려웠고 간호사는 적성과 안 맞다는 생각이 들기도 했어요. 문과생이 생명학을 공부하려 하니 어렵고 답답해서 운 적도 있을 정도랍니다.

제게 전환점이 되었던 일은 대학 3학년 때 나간 산부인과 실습이었습니다. 많은 산모를 만나고 분만 과정을 접할 생각으로 실습을 나갔지만, 제 생각과 다르게 여성 질환을 가지고 있는 환자가 더 많았습니다. 저는 간호사 선생님의 처치를 관찰하고 학습하면서 몰랐던 부분을 새롭게 알게 되었고 다시 이 일에 흥미를 느끼기 시작했습니다. 그러던 중 유튜브에서 여성용품 회사에 종사하는 간호사 선생님이 생리컵을 올바르게 사용하는 방법을 해부학적 위치로 설명해 주는 영상을 보았습니다. 저는 이 계기로 간호사가 할 수 있는 일이 병원에만 있지 않다는 것을 깨달았습니다. 또 여성용품은 여성에게 꼭 필요한 제품이지만 여전히 온라인 커뮤니티나 일상 대화 속에서도 언급하기 불편한 점이 있다는 것을 알게 되었고, 같은 여성으로서 공감하고 이해할 수 있는 제품을 만들고 싶다는 생각으로 여성

용품 개발자가 되겠다는 꿈을 가졌습니다.

목표를 세우고 나니 부정적인 생각으로 가득했던 제가 긍정적으로 바뀌었고 앞으로의 계획을 더 구체적으로 그려나갈 힘이 생겼습니다. 저도 그랬듯이 많은 사람들이 '간호사'라는 직업이 병원에서만 일한다고 생각하는 것 같아요. 저는 여러분께 간호사라는 직업이 더 다양한 일을 할 수 있다고 얘기해 주고 싶어요. 제 이야기가 조금이나마 도움이 되었기를 바라며, 목표를 가지고 꿈을 위해 노력하는 모든 분들을 응원합니다.

대학생활 동안 나에 대해 깊게 고민해 보세요.
서울시립대학교 물리학과 18학번 | 서효원(대학생, 한국과학기술원 현장실습생)

'내가 할 수 없는 건 재벌 2세와 키즈모델뿐'이라는 좌우명을 가지고 에너지 넘치는 하루를 살아가는 대학생 서효원입니다. 지금은 물리학자가 되기 위해 대학원 진학을 준비하고 있습니다.

사실 저는 어릴 때부터 미술을 공부해서 이공계와는 거리가 멀었어요. 기억하는 삶의 첫 순간이 그림을 그리는 장면일 정도로 화가가 되고 싶었던 저였기에, 미술에 대한 꿈을 접게 되었을 땐 꿈이 없는 학생이 되었다는 생각만으로도 무척 힘들었습니다. 그때 우연히 물리 공부를 접했는데 물리학이 꼭 세상을 새롭게 보여주는 특별한 안경처럼 느껴졌어요.

처음엔 막연했지만 점차 물리에 매료되어 대학도 물리학과에 진학했고, 대학생활 동안 어떤 물리학자가 되고 싶은지 깊게 고민했습니다. 저는 이야기하는 것, 다양한 가치를 공유하는 것을 좋아하는 사람이라 물리가 생소한 사람들에게 쉽고 재미있게 물리를 알리고 싶었어요. 그래서 '세상을 연결하는 물리학자'가 되고 싶다고 마음먹었죠. 이렇게 저는 새로운 꿈을 향해 한 발짝 다가갈 수 있게 되었습니다.

저는 총 세 곳의 연구실을 경험하고 지금은 정부출연연구소에서 연구 경험을 하고 있습니다. 여러 연구실들을 경험하고 다양한 사람들과 이야기하며 저만의 연구 소신을 만들고 있어요. 무엇보다도 '모르면 일단 질문하고 시도해보고 제안해보자'라는 마인드로 주도적인 연구를 하려고 노력한 점이 성장하는 데에 많은 도움이 되었습니다.

꿈은 미래를 담아내는 희망적인 단어이기도 하지만, 저는 꼭 꿈이 미래를 나타내는 단어로만 생각되지 않으면 좋겠어요. 저에게 꿈이란 '세상을 바라보는 나만의 시선을 갖추는 과정' 그 전부를 의미합니다. 하지 않으면 후회할 것 같고, 당장 눈에 아른거리고, 기대되어 잠이 안 오는 일이 있다면 망설이지 말고 시작했으면 좋겠어요. 그리고 스스로 당당하리만큼 최선을 다해봅시다.

마음이 끌리는 분야에 열정을 다해보세요.
충북대학교 식물자원학과 | 도○경(재배사)

안녕하세요. 농업을 사랑하는 재배사입니다. 저는 중학교 때 인문계 고교로 진학할 성적이 되지 못해 부모님의 권유로 농업계 고교로 진학했습니다. 사실 아버지는 식품계열로 진학해 제가 영양사가 되길 원하셨지만, 저는 원예계열을 선택했고 공부를 하면서 '농부'라는 직업에 더욱 매력을 느꼈습니다.

하지만 고등학교 졸업을 앞둔 해에 갑작스럽게 아버지가 돌아가시면서 주변 분들은 제게 집 근처 국립대에 진학할 것을 추천하셨고 정신없이 대학에 입학하게 되었습니다. 저는 대학에 입학해 스스로 많은 것이 부족하다는 걸 느꼈고 학사경고를 받기도 했습니다. '1년만 다니고 휴학 해야지', '자퇴하고 다른 대학을 갈까?'라며 한동안 방황하던 저를 지금 제 배우자가 된 사람이 붙잡아줬습니다. 곁에서 조바심 갖지 말라며 위로해 주고 조금 더 버텨 보자며 힘을 주었어요.

그렇게 한 학기를 마친 어느 날, 학과에서 교직이수 할 사람을 모집하는 글을 보았습니다. 성적은 바닥이었지만 용기를 냈어요. 부모님께서 교육학을 전공하셨거든요. 저는 마음을 다잡고 공부해 결국 교원자격증을 취득해 냈습니다. 그렇게 얻은 교직이수 경험과 대학 3학년 때부터 시작한 연구실 생활로 저는 다시 '농업 지키기'라는 꿈을 가졌습니다. 꿈이 생긴 이후 가장 먼저 할 수 있었던 일은 제가 배운 농업의 가치를 사람들과 나누는 것이었어요. 교생실습에서도 대학에서도, 우리가 농업에 꾸준히 관심을 갖고 발전시켜 나가야 한다는 것을 어필했습니다. 덕분에 제가 사랑하는 분야에 대해 제 주변 사람들부터 조금씩 관심을 갖고 있어요.

여러분도 살아가며 어려운 난관들에 부딪히더라도 좌절하지 말고 내가 사랑하는 것들에 귀 기울일 수 있으면 좋겠습니다. 그리고 용기를 내어 도전하고, 자부심을 가지면 좋겠어요.

전공의 틀에 본인을 가두지 말아요.
한세대학교 실내건축디자인과 18학번 | 지영인(대학생, 웹툰작가)

안녕하세요! 말 많은 할머니가 되고 싶은 지영인입니다. 고등학교 때까지는 학교에서 정해준 시간표대로 생활하다가 대학생이 되니 도전할 것이 정말 많았는데요. 제가 진학한 학과가 과제가 무척 많았기 때문에 따로 취미생활을 즐길 수 없을 정도로 바빴지만 시간을 쪼개서 도전한 일이 바로 '웹툰'이었습니다.

시인이신 이모께서 쓴 장편 시에 영감을 받아 웹툰 시나리오를 만들고 그림을 그려 연재를 했습니다. 매 화마다 한 편의 시가 함께 업로드 되는데, 막연히 시가 감성적이고 다가가기 어렵다고 생각하는 또래 친구들의 편견을 깨보고 싶었어요. 그렇게 연재를 시작한지 4회만에 '도전만화'에서 '베스트도전'으로 승격되어 네이버에서 연재 중이며 현재까지 40편의 에피소드를 꾸준히 만들고 있습니다.

이 기회로 킨텍스에서 열린 경기국제웹툰페어에 초청받아 많은 사람들에게 제 웹툰을 홍보할 수 있었고 다른 또래 작가들과 만나 견문을 넓히는 데에도 무척 큰 도움이 되었습니다.

많은 친구들이 "난 이런 학과를 나왔으니까 이러한 것들을 준비해야 해.", "전공을 살려 취업하려면 이런 자격증을 따야 해."라며 전공의 틀에 본인을 가두지 않았으면 좋겠습니다. 전공과 무관하지만 좋아하는 일로 수익을 얻을 수 있는 길을 꼭 찾아보길 바라요. 전공과 상관없지만 하고 싶은 일로 값진 경험을 만든 저처럼요!

교환학생 제도를 이용해 더 넓은 세상에서 공부해요.

동덕여자대학교 영어과 17학번 | 이세령(대학생)

언어가 좋고 언어의 힘으로 글로벌 리더가 되고 싶은 이세령입니다. 저는 현재 영어, 일본어, 중국어를 공부하고 있으며 글로벌 커리어를 쌓는 데 힘쓰고 있습니다. 제가 이런 꿈을 꿀 수 있었던 것은 교환학생 경험 덕분입니다. 일 분 일 초가 행복했던 제 교환학생 경험을 공유해 볼게요.

제가 현재 참여하고 있는 WEST 프로그램은 한국과 미국 정부가 공동으로 진행하는 것으로, 대학생에게 영어 어학연수 수업과 미국 회사 인턴십을 제공하는 프로그램입니다. 기존에는 직접 미국으로 가서 수업을 받았지만 현재는 코로나로 인해 전면 온라인으로 진행하고 있습니다. 이외에도 교환학생 프로그램으로 일본에 다녀온 적이 있습니다.

이를 위해 일본어 자격증을 취득했고, 일본어 자기소개서를 준비했습니다.(어학교환 지원에도 어학자격증이 필요한 경우가 많으니 각 대학의 공고를 잘 확인해 보세요.) 1차 서류 전형에 합격하고 한국어와 일본어로 막힘없이 답할 수 있는 수준으로

2차 면접을 준비했습니다. 최근에는 교환학생 경쟁률이 치열해지면서 면접을 더 꼼꼼하게 준비할 필요가 있어요. 특히 제가 지원한 일본 교환학생은 다른 국가보다 인기가 있어서 더 철저히 준비했던 것 같습니다.

이러한 도전의 결실로 좋은 결과를 얻어 대학생활 중 해외 경험을 쌓았고 덕분에 저는 해외에서 일하며 살아보고 싶다는 꿈이 생겼습니다. 외국에서는 하나부터 열까지 혼자 해결해야 하다 보니 자립심을 키울 수 있는 것은 물론이고, 목표를 위해 열정적으로 나아가는 추진력도 키울 수 있었습니다. 또 전 세계 학생들과 만나 교류할 수 있어 글로벌 감각도 키울 수 있었어요. 제 인생은 교환학생 전후로 바뀌었다 해도 과언이 아니기에, 이 책을 읽는 친구들에게도 대학생활 중 기회를 잡을 수만 있다면 해외로 나가볼 것을 추천합니다.

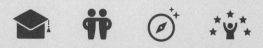

킴닥스의 대학생활백서

03
PART

오직 대학생에게만
허락된
대학 내 활동

신입생 오리엔테이션은 대학생활의 첫 인사다
엠티와 축제로 활기찬 캠퍼스 100% 즐기기
성장의 발판이 되는 동아리 활동
구독자 STORY

"

대학생활의 로망 중 하나인
'대학 내 활동'. 학교마다 학과마다
운영하는 행사와 동아리는 천차만별입니다.
이번 파트에서는 모든 대학에
공통적으로 있는 큼직한 행사와
집단 위주로 소개해 볼게요.
여러분을 설레게 할 재미있는
제 경험담도 함께 준비했어요.

"

신입생 오리엔테이션은 대학생활의 첫 인사다

신입생 오리엔테이션(OT)은 모든 대학에 존재하는 큰 행사 중 하나입니다. 열심히 공부해 대학에 입학한 신입생들을 환영하고 대학생활 전반에 대해 설명하기 위해 여는 행사입니다. 학교가 주체가 되어 진행하는 행사를 제외하고, 재학생이 주체가 되어 준비하는 신입생 오리엔테이션은 보통 두 번 진행하는데, 한 번은 학과 단위로 그리고 한 번은 더 크게 단과대학(대학 내에는 여러 개의 단과대학이 있고, 그 단과대학 안에 여러 개의 학과들이 모여 있습니다.)단위로 진행합니다.

　학생들이 주체가 되어 준비하는 신입생 오리엔테이션은 신입생을 환영하고 대학생활 전반을 소개하는 것과 더불어 선후배 간의 친목을 도모하고 네트워크를 형성합니다. 저도 신입생 시절 선배들이 준비한 신입생 환영회에 참석했고, 이후에 학과가 속한 단과대학인 사회과학대학에서 주최한 신입생 오리엔테이선에 참석했어요.

학과 규모의 신입생 오리엔테이션과 단과대학 규모의 신입생 오리엔테이션 분위기는 무척 다릅니다. 단과대학 오리엔테이션 에서는 여러 학과가 한 곳에 모이기 때문에 학과별로 대항하는 다양한 코너들을 진행합니다. 각 학과를 소개하는 시간도 있고 학과에서 준비한 장기자랑으로 순위를 매기기도 하며 학과의 단합력을 뽐냅니다. 그러다 보니 서로 알아가는 분위기의 학과 규모 신입생 오리엔테이션에 비해서 훨씬 역동적이고 활발합니 다. 보통 학과 규모의 작은 신입생 오리엔테이션을 먼저 진행하 는 이유도 단과대학 신입생 오리엔테이션 이전에 학과 내 단합 력을 키우고 행사를 준비하기 위함입니다.

단과대학 신입생 오리엔테이션에서는 선배들이 후배들을 위 해 준비한 축하 공연이나 학과 홍보 영상을 볼 수 있는데요. 이 때의 공연과 홍보 영상으로 학과에 대한 신입생들의 자부심이 높아질 수 있기 때문에 재학생들이 가장 신경 써 준비하는 부분 이기도 합니다.

저도 새내기 때 단과대학 신입생 오리엔테이션에서 본 홍보 영상으로 엄청난 애과심(?)이 샘솟았던 것이 기억납니다. 현업 에 있던 전문가 선배들이 제작한 영상이었습니다. 영상 말미에 1958년 학부가 설립된 이후로 졸업한 선배들의 이름과 사회에 서 하고 있는 활동이 영화 크레딧처럼 펼쳐지는데, 다같이 환호

▶ 대학의 설렘을 영상으로 확인해 보세요! ◀

하며 학과 구호를 외쳤던 기억이 납니다.

　그때의 두근거림과 자부심은 여전히 마음속에 남아 있을 정도로 강렬했습니다. 그래서 몇 년 뒤 졸업을 앞두고 있을 즈음, 신입생 오리엔테이션을 준비하는 후배들이 학과 홍보 영상을 제작해달라 요청해 왔을 때 감회가 새로웠습니다. 졸업을 앞두었다는 사실이 실감나기도 하고, 대학을 다니는 동안 스스로 많이 성장했다는 뿌듯함도 있었어요. 저는 흔쾌히 제안을 수락했고 동기 몇 명과 후배들과 함께 열심히 영상을 제작했습니다.

　노력 끝에 만족스러운 영상을 만들었고 그해 신입생 오리엔테이션에 참석했어요. 나이 차이가 나는 신입생들 사이에 끼는 일이 고민되기도 했지만, 후배들이 영상을 보고 환호하는 모습을 꼭 두 눈에 담고 싶었습니다.

　오리엔테이션 당일 불 꺼진 강당 맨 뒤에서 제가 만든 영상이 나오길 기다렸습니다. 강당을 꽉 채운 학생들은 무대를 보고 있었지만 저는 그 친구들의 뒷모습을 보고 있었어요. 이윽고 영상이 시작했을 때, 강당을 가득 메운 함성과 환호를 저는 아마 영원히 잊지 못할 거예요.

반면 학과 규모의 신입생 오리엔테이션은 학과 내 동아리와 학회와 수업을 소개하고, 교수님께서 직접 인사를 오시기도 합니다. 선배들이 학과에 대한 전반적인 것들을 후배들에게 알려주고자 만드는 자리이기 때문에 꼭 참석하는 것을 추천합니다.

오리엔테이션 행사가 끝나면 선후배 다같이 회식을 하는 것이 대부분이에요. 대학은 모든 행사 끝에 뒤풀이가 있는데, 그 시작을 경험한다고 생각하면 됩니다. 캠퍼스 건물 내부에서 진행하는 행사보다 훨씬 편하게 선후배 간의 친목을 도모하기 위해 자리를 옮겨 진행합니다. 이때 가는 고깃집(대부분 고깃집에 가실 거예요.)은 이후에도 각종 학교 행사로 자주 찾게 될 대학 맛집이랍니다.

이렇게 좀 더 자유로운 분위기에서 인사를 하고 번호도 교환하며 밥 약속을 잡게 되죠. 친목과 함께 CC(캠퍼스 커플)가 시작되는 역사적인 순간이기도 하답니다. 저는 CC를 해본 적이 없지만 이후에 CC를 하는 친구들을 보면 이때부터 뭔가 통하는 게 있나 보더라고요.

이때 잡히는 밥 약속들 덕분에, 개강 첫 한 달 동안 따뜻한 봄 캠퍼스 주변 식당에서는 밥을 먹으러 온 선후배의 모습을 많이 볼 수 있습니다. 저도 신입생 때 여러 선배들과 밥을 먹으며 학교생활에 대해 들었습니다. 다양한 이야기를 들을 수 있을뿐더러 친목도 다지고, 특히 학교 맛집을 많이 소개받을 수 있는 기회이니 여러분도 놓치지 않길 바랍니다.

"

저는 학과에서 진행한 첫 신입생 환영회 날이
아직도 기억이 납니다. 하늘이 맑았고 눈이 온 다음 날이었어요.
파란 하늘 아래 차갑고 맑은 공기, 소복이 쌓인 눈 위로는
겨울 햇살이 내리는 아침이었습니다.

저는 그 날씨와 어울리는 하늘색 코트를 입고
파란 가방을 들고 있었어요. 그리고 뽀득뽀득 눈을 밟으며
캠퍼스를 가로질러 신입생 환영회가 열리는 강의실로 향하는데
가슴이 콩닥콩닥 하더라고요. 면접을 보러 왔을 때의
콩닥거림과는 무척 다른 결의 설렘이었어요.

단톡방에서 인사를 나누며 사진으로 본 동기들은
실제로 어떤 모습일지, 어떤 목소리일지
오늘 어떤 옷을 입고 왔을지 머릿속으로 그리며
설레는 마음으로 걸음을 재촉했습니다.

건물에 도착해 아이보리색의 깨끗한 복도를 걷는데
겨울 특유의 차갑고 하얀 햇살이 조용히 내리쬐고 있었고,
저는 검정 구두 굽 소리로 그 적막을 찬찬히 부수며
강의실에 도착했습니다.

강의실 문 앞에서 콩닥거리는 마음으로
빠르게 손으로 머리를 빗고 문을 열자,
먼저 와있던 친구들과 눈이 마주쳤습니다.
다들 조용 조용히 서로를 탐색하며
이야기를 나누고 있던 터라, 소리 없는 반가움으로
손을 붕붕 흔들었죠.

조용하지만 활기차고 들뜬 분위기.
'캠퍼스의 설렘'이라는 단어를
처음 느낀 순간이었습니다

"

엠티와 축제로 활기찬 캠퍼스 100% 즐기기

대학 내 주요 행사로 오리엔테이션뿐만 아니라 엠티(MT)도 빠질 수 없죠. 엠티는 오리엔테이션보다 친목 도모와 네트워크 형성에 더욱 초점이 맞춰진 행사입니다. 그래서 대학 내에는 다양한 엠티가 있답니다. 학기 초에 선후배가 함께 가는 학과 엠티도 있고 동기들끼리 가는 동기 엠티도 있으며, 동아리에 가입하면 갈 수 있는 동아리 엠티도 있습니다.

오리엔테이션 엠티에 꼭 참석해야 하는지 궁금해하는 친구들이 많을 텐데요. 저는 참석하는 편을 추천합니다. 대학생활을 하며 다양한 추억을 쌓지만 이때의 추억은 정말 오래도록 좋은 기억으로 남기 때문이에요. 다양한 사람들을 만나고 겪어보며 좋은 기억을 많이 남길 수 있으면 좋겠습니다.

또 대학은 학급 체제인 초, 중, 고등학교와 달리 반이라는 개념이 없는 경우가 많아서 함께 입학한 친구들이 계속 같이 수업을 듣고 같은 시기에 졸업하기가 무척 어려워요. 그러니 입학 초에 있는 행사가 아니면 학과 인원 전체가 한 곳에 모이기 쉽지 않습니다. 그래서 입학 초에 있는 여러 행사에 적극적으로 참여하는 것을 추천합니다.

　매년 열리는 대학 축제 시즌에는 다양한 볼거리가 가득합니다. 캠퍼스가 가장 활기찬 시기이기도 합니다. 학교마다 각기 다른 행사와 공연을 진행하다 보니 타 대학에 친구가 있다면 다른 학교 축제에 놀러 가보는 것도 좋은 추억이 될 거예요.

　대학 축제는 작은 규모의 행사부터 큰 규모의 행사까지 재학 중인 학생들이 기획하고 준비합니다. 축제를 즐기는 것뿐만 아니라 기획단으로 참여해 보는 것도 의미 있는 경험이 될 수 있어요. 축제 기간 동안 캠퍼스 내에는 여러 종류의 부스가 열리는데, 외부 기업을 대상으로 부스 신청을 받기도 하고 각 학과에서 자체적으로 부스를 세워 운영하기도 합니다. 음식을 팔거나 수공예품을 팔기도 하고, 누구나 쉽게 참여할 수 있는 게임 이벤트를 열어 다양한 선물도 줍니다. 또 캠퍼스 내에 무대를 신설해 학생들이 주인공이 되는 공연이나 토크쇼를 진행하기도 하고, 축제 마지막 날에는 가장 큰 규모의 무대에 가수들을 초청해 공연을 즐기며 다같이 축제를 마무리하곤 한답니다.

　저도 새내기 때에는 대학 축제에 적극적으로 참여했습니다.

동기들과 공연을 준비하기도 하고 함께 캠퍼스 내 부스를 준비하기도 했습니다. 학교 수업이 끝나면 동기들과 과방이나 학교 내 공간을 빌려 연습을 하고, 끝나고 다같이 저녁을 먹거나 놀러 가기도 했죠. 축제 날을 기다리며 걷던 복작거리는 밤 캠퍼스에는 설레는 느낌이 있었어요. 내가 정말 대학생이 된 것 같다고 느끼던 순간이었죠.

그렇게 열심히 준비한 공연을 무대에서 선보이는 날이면 그날은 오전부터 들뜨는 마음을 감출 수가 없었어요. 늘 똑같이 등교하던 학교에 공연 의상이나 소품을 가지고 가는 것만으로도, 동기들과 함께 축제가 시작할 시간을 기다리는 것만으로도 캠퍼스는 평소와는 너무나도 다른 공간이 되었으니까요. 그렇게 해가 지고 부스의 불이 켜지고 축제를 채우는 조명이 밝아오면 눈빛을 반짝이며 무대에 오르곤 했답니다.

그후 대학에서 마지막으로 축제를 즐겼던 해는 제가 다닌 대학이 100주년을 맞이하는 해였어요. 그래서 축제도 큰 규모로 열렸는데, 영광스럽게도 그 축제에서 토크쇼를 진행할 것을 제안받았습니다. 봄바람이 살랑살랑 부는 축제 날, 야외무대가 설치된 곳에서 수많은 학우들을 만났어요. 화사한 꽃이 핀 옷을 입고, 수업이 끝나자마자 무대를 준비하러 가는데 기분이 싱숭생숭하더라고요. 재학 중인 학교에서 연사로 서는 게 처음은 아니었지만 100주년이라는 의미 있는 행사에 이런 자리가 만들어졌

▶ 대학 설립 100주년 행사에서 진행한 강연 ◀

다는 사실에 무척 감개무량했습니다. 마지막 학기를 앞두고 있던 때여서 그랬는지, 무대 뒤에서 순서를 기다리면서 처음 입학했을 때의 제 모습이 생각났어요.

신입생 때는 이 순간이 올 줄 알았을까?

졸업 후에 멋진 사람이 되어 모교에서 강연을 하고 싶다는 생각은 해봤지만, 그 막연한 상상이 졸업 전에 이루어질 거라고는 생각지도 못했거든요. 다만 한 가지 확실했던 것은 '대학생활 중에도 나는 반드시 무언가를 이룰 거야'라는 확신이 있었다는 거예요. 그 확신이 있었기 때문에 이렇게 재미있는 일들이 많이 벌어졌던 것 아닐까요?

저는 이런 저런 생각을 하며 무대에 올랐고, 많은 학우들과 눈을 마주치며 진솔한 저의 이야기를 전했어요. 지금 이 책을 통해 여러분과 제 이야기를 공유하듯 저의 꿈과 생각, 마음가짐을 아낌없이 전했고 사인회도 가진 후 토크쇼를 마무리했답니다.

대학에서의 마지막 축제는 이렇게 멋지게 마무리되었어요. 졸업을 앞두고 가장 바빴던 해라 신입생 때처럼 신나게 축제를 즐기지는 못했지만, 이렇게 또 다른 형태로 학우들과 축제를 즐겨 영원히 잊지 못할 추억으로 남았답니다.

학업에 열중하는 것도 물론 좋지만, 대학 축제에 적극적으로 참여해서 여러분만의 잊지 못할 추억을 꼭 만들면 좋겠어요. 대학에 입학해 대학생활을 하다 보면 어느 순간 축제가 열려도 가지 않게 되거든요. 매년 열리는 축제이기도 하고 '현생이 너무 바쁘기 때문'인데요. 그래도 한 번쯤은 대학 축제 기획에 직접 참여해 보거나, 준비된 놀거리를 완벽하게 즐기는 경험을 해보면 좋겠습니다. 캠퍼스 가득 세워진 부스들부터 저녁 무대, 주점까

▶ 축제의 생생함을 같이 느껴보아요! ◀

지 말이죠! 대학을 졸업하면 대학축제는 정말 즐기러 갈 일이 거의 없거든요.

저는 대학에 다니는 동안 축제 시즌에는 신입생 때만큼은 아니더라도 그 분위기를 즐기려고 했어요. 비록 매년 축제가 애매하게 시험 기간이나 과제 기간과 겹치곤 했지만, '힘들 때 웃는 자가 일류다'라는 말이 있잖아요? 마음만큼은 즐겨봐야죠!

성장의 발판이 되는
동아리 활동

대학에는 정말 다양한 종류의 동아리가 있어요. 악기를 배울 수 있는 동아리부터 밴드 동아리, 댄스 동아리, 연극 동아리, 그림 동아리, 창업 동아리 등 재미있는 활동을 함께하고 싶은 사람들, 뜻이 맞는 사람들이 모여 무언가를 함께하거나 만들어내는 활동을 합니다.

보통 대학의 동아리는 취미 활동을 함께하는 것에서 끝나지 않고 대학 내 다양한 기회와 공간들을 활용해 공연을 올리거나 전시를 올리는 등 실질적인 활동까지 하는 것으로 마무리합니다. 그래서 대학에 입학하면 내가 하고자 하는 일에 도움이 될 만한 동아리나, 꼭 나의 목표와 관련이 없더라도 배워보고 싶던 것, 해보고 싶던 것을 할 수 있는 동아리에 가입해 활동하는 것을 추천합니다.

학교가 아닌 외부에서 무언가를 배우려면 비용이 들기도 하고 무엇보다 배우기만 하고 끝나는 경우가 많아요. 하지만 대학 동아리는 재학생들에게 무료로 개방하는 전시 공간, 무대, 그리고 행사들을 자유롭게 활용할 수 있기 때문에 내가 배운 것으로 무언가를 '완성하는 경험'을 해볼 수 있습니다.

저는 이 경험이 무척 중요하다고 생각해요. 일을 시작하고 맺는 과정에서 많은 것을 배울 수 있거든요. 또 일련의 과정 후, 크든 작든 결과물을 만들어 누군가에게 보여줄 수 있는 기회가 있다는 것은 소중한 일이에요. 그러니 여러분이 대학 내에서 꼭 이런 기회를 누려보면 좋겠습니다.

또 조별 과제가 있는 수업 외에는 타 학과 학생들을 만나서 친해질 수 있는 기회가 많이 없다 보니 동아리를 통해 다양한 학과의 친구들을 사귀어보는 것도 좋은 경험이 됩니다.

동아리는 학교마다 용어는 다를 수 있지만 크게 '중앙 동아리'와 '일반 동아리'로 나눌 수 있어요. 중앙 동아리는 말 그대로 학교 중앙의 동아리로 학과에 상관없이 전교생을 대상으로 동아리원을 모집합니다. 보통 일반 동아리보다 규모가 큰 경우가 많아요.

그 외 일반 동아리는 학과 내의 동아리, 단과대학 내의 동아리 등 좀 더 작은 규모로 학생을 모집하는 동아리입니다. 학교와 학과마다 동아리의 종류가 다르기 때문에 자세한 내용을 알기 위해서는 학교 홈페이지나 SNS 계정을 찾아보는 것을 추천합니다. 그리고 앞서 설명한 신입생 오리엔테이션에서 정보를 알 수 있는 경우가 많으니 오리엔테이션에도 꼭 참석해 봐야겠죠?

동아리원으로 참여하는 것 외에도, 일정 조건을 충족한다면 재학생 누구나 새로운 동아리를 개설할 수도 있습니다. 내가 원하는 동아리가 없다고 실망하지 말고, 직접 만들어보는 것도 방법이에요!

저 또한 대학에 다니며 동아리를 비롯한 다양한 교내 활동들을 했는데, 그 중 기억에 남는 두 가지 활동을 소개하고 싶어요. 첫 번째는 'TEDx' 동아리로, 미국의 비영리 재단인 TED(Technology Entertainment Design) 강연회와 연계해 각 대학에서 독자적인 강연회를 개최하는 동아리였습니다. 대학에 입학하고 신입생 오리엔테이션에서 여러 동아리에 대한 설명을 듣던 중 이 동아리가 가장 저와 잘 맞을 것 같다는 생각이 들었고 그 자리에서 결정했습니다. TED 강연을 좋아했던 터라 직접 강연 행사를 준비하면서 배우는 것이 있을 거라고 생각했어요.

이후 동아리 오리엔테이션을 갖고 회의를 통해 역할을 배분했는데, 저는 행사 기획과 영상 홍보 콘텐츠 제작을 맡았습니다. 강연의 큰 주제와 메시지를 설정하고 컨셉을 만들어 가장 잘 맞는 연사를 섭외했고, 어떻게 하면 사람들이 이 강연을 궁금해하고 들으러 오고 싶어할지 고민하며 영상을 기획했습니다. 기존에 공모전이나 대회를 위해서 만들던 영상과는 다른 접근을 통해 영상을 제작했기 때문에 새롭게 배우는 것이 많았어요. 제가 만든 영상으로 강연 행사를 홍보하고, 사람들에게 직접적인 피드백을 받으며 보람도 느낄 수 있었습니다.

무엇보다 기획단으로서 행사를 기획하고 마무리하는 과정까지 쭉 함께하면서, 하나의 행사를 위해 준비해야 할 것이 무척 많다는 것을 알게 되었습니다. 보여지는 콘텐츠뿐만 아니라 콘텐츠를 잘 보이게 하기 위한 장치, 현장 스태프, 홍보 등 어떤 준비들이 필요한지 배울 수 있었어요. 이때의 경험은 이후 제가 다양한 행사들을 직접 주최하는 데에 큰 도움이 되었습니다. 작게는 유튜브 채널 구독자와의 팬밋업부터, 크게는 졸업 후 유튜브에서 시작한 '국내 디자이너 알리기' 콘텐츠를 오프라인 팝업스토어로 개최하는 행사까지, 이때의 경험으로 다양한 행사들을 체계적으로 준비할 수 있었어요.

두 번째는 여름방학에 열리는 큰 규모의 '미디어 캠프' 행사를 준비하는 활동이었습니다. 제가 재학했던 학과에 진학하기를 희망하거나 미디어 관련 직종에 종사하기를 희망하는 고등학생들을 선발해 방학 동안 캠프 형식으로 교육을 해주는 프로그램이었습니다.

어느 날 총괄 기획을 맡은 선배에게서 영상국의 국장을 맡아달라는 연락이 왔었습니다. 당시 저는 대학교 2학년이었고 사실 국장 자리는 좀 더 학년이 높은 선배들이 맡아온 것이 일반적이라 한동안 고민했습니다. 각 국의 국장들이 의견을 조율해야 하는 자리도 많았을 뿐만 아니라 영상국은 캠프 내에서도 핵심이 되는 팀이어서 비교적 낮은 학년의 제가 해내기에는 여러 가지 부담이 많았기 때문입니다.

하지만 분명 영광스러운 일이었기에, 앞서 TEDx 동아리 활동을 했던 경험을 떠올리며 이번에는 좀 더 주체적으로 리더의 자리에서 바라는 방향의 좋은 행사를 만들어보고 싶다는 생각을 했습니다. 아무리 생각해도 '재미있고 보람찰 일'이라는 확신이 들었기 때문에 마주칠 문제들은 극복하면 될 부수적인 것들이었습니다. 학년이 낮아 경험이 부족해서 오는 미숙한 점들은 남들보다 더 부지런히 노력해 채우면 된다고 생각했고, 저는 그렇게 행사에 참여하기로 결정했습니다.

결정한 후에는 빠르게 국원들을 선발하고, 어떤 행사를 만들 것인지 비전을 공유했습니다. 그렇게 학기 중에 미리 행사 준비를 시작했고 고등학생을 위한 영상 커리큘럼을 만들며 교재를 제작했습니다. 이전 동아리 활동에서 쌓은 노하우를 바탕으로 기발한 홍보 영상도 제작했고, 학우들의 좋은 평가를 받으며 캠프에 참가할 학생 모집을 시작했습니다. 재미있는 영상 덕분에 많은 학생들이 지원했고 국원들과 밤을 새며 캠프에 참여할 학생들을 선발했습니다.

공식적인 행사를 통해 누군가를 뽑는 입장이 되어본 것은 처음이었기 때문에 새롭게 배우는 점이 많았습니다. 지원자의 시선에서 벗어나 지원자가 어떤 답변을 썼을 때 면접관에게 더 좋은 평가를 받을 수 있는지도 알 수 있었습니다. 이러한 경험과 생각은 이후에 이력서나 자기소개서를 쓸 때에도 큰 도움이 되었습니다.

　그렇게 여름방학이 되어 선발한 학생들과 며칠 간의 캠프를 진행했습니다. 긴장 속에 준비한 것들을 하나씩 펼쳐 보이는데, 눈을 빛내며 열심히 배우고 따라오는 학생들을 보며 긴장은 눈 녹듯이 사라지고 그동안의 모든 노고를 보상받는 기분이 들었습니다. 캠프 하루 하루가 소중하고 즐거운 시간이었죠. 몇 달에 걸쳐 준비한 행사가 며칠만에 끝나니 허무한 마음이 들기도 했지만, 그것보다 며칠의 행사를 위해 몇 달에 걸쳐 집요하게 준비했기 때문에 행사가 잘될 수밖에 없었다는 확신을 얻었습니다. 올림픽의 몇 초를 위해 수 년을 노력하는 선수들처럼, 살아가며 내가 원하는 결과를 위해서는 묵묵히 오랜 기간 공들일 줄 알아야겠다 다짐했습니다. 준비하는 시간이 지치고 막막할 때도 있겠지만, 부족함 없이 집요하게 준비할수록 결과물은 더욱 완벽해질 테니까요.

　캠프가 끝나고 학생들의 후기를 보며 더욱 보람을 느꼈고, 몇 년 뒤 어떤 학생들은 정말 제 후배로 대학에 들어오기도 했습니다. 더 좋은 교육 커리큘럼을 만들어보고 싶다는 제 열정과 비전

▸ 한 학기 동안의 다양한 경험을 영상으로 담아보았어요! ◂

이 훌륭한 팀원들, 동료들을 만나 멋지게 완성되었다고 느낀 순간이었습니다.

이렇게 대학 내 동아리와 여러 활동들을 통해 일의 시작부터 끝까지 차근차근 진행해 보는 것은 내 삶에 큰 깨달음을 주는 소중한 경험입니다. 일을 진행하며 겪는 어려움을 해결하며 성장할 수 있고, 일을 진행하며 느끼는 보람으로부터 앞으로 더 많은 것들을 해보고 싶다는 열정을 얻을 수 있을 거예요.

지금까지 다양한 대학 내 행사와 활동에 대해 알아보았습니다. 대학생활에 대한 기대감이 좀 더 부풀어 올랐나요? 모든 행사와 활동에 반드시 참여해야 하는 것은 아니지만, 다양한 경험들을 해보는 것을 추천합니다.

대학에서는 학업도 중요하지만 학업 외적인 활동들로 내가 얻고 성장할 수 있는 것들이 정말 많아요. 졸업 때 받는 졸업장이 더 값지게 느껴지려면, 좀 더 능동적이고 열린 마음으로 무언가에 도전해 보는 것을 두려워하지 않으면 좋겠어요!

오직 대학생에게만 허락된
대학 내 활동

대학 내 활동은 우물 밖 세상으로 나갈 준비입니다.
중앙대학교 미디어커뮤니케이션학부 17학번 | 최민석(대한민국 국회의원 보좌진)

국회에서 국회의원 비서로 일하고 있는 최민석입니다. 막내 비서지만 입법, 정책 등 의원님의 의정 활동을 최선을 다해 보좌하고 있습니다. 대학에 입학해 모든 것이 고등학교 때와 달라 신기하고 즐거웠던 저는 단과대학 학생회, 라디오 동아리장, 연극배우, 미디어캠프 기획단, 신입생 OT 기획단장 등 분야를 가리지 않고 할 수 있는 모든 활동을 했습니다.

라디오 동아리 활동을 하며 목소리 쓰는 법을 배웠고, 연극배우로 활동하며 공통분모가 없는 인물들의 삶을 탐구하기도 했습니다. 학교생활을 하며 제가 도전해서 얻은 많은 역할들을 멋지게 소화하기 위해 부단히 노력했어요. 어떤 것이든 닥치는 대로 소화하고 나면, 값진 해피엔딩으로 끝날 것이라 생각했거든요. 성공했다면 추억이고 실패했다면 경험입니다. 어떤 활동이든 다양한 형태로 여러분 인생의 자산이 될 것입니다. 학교를 작은 사회라고 부르는 만큼 학내 활동에서는 활동 그 이상의 의미를 얻을 수 있습니다.

저는 대학생활 중에 하는 활동들은 '우물'을 파는 것과 같다고 생각합니다. 우물을 파다 보면 인간관계든 성취감이든 보물을 발견할 수 있을 것입니다. 하지만 우물을 파는 행위에 취해 너무 깊게 파다 보면 어느새 깊은 구덩이 안에서 빠져나가지 못해 '우물 안 개구리'가 되어버릴 수도 있음을 항상 염두에 두어야 합니다.

우리는 언젠가 학교라는 우물 밖에서 살아가야 합니다. 우물 안에서 바라보는 동그랗고 작은 하늘이 아닌, 모양조차 가늠할 수 없게 크고 푸른 하늘 아래에서 꿈을 펼쳐야 합니다. 학교 활동에 과하게 매몰되어 스스로 판 우물 속에 갇히지 않길 바랍니다. 이 책을 읽는 친구들이 대학 내 활동에 열정적으로 성실히 임하되, 늘 더 큰 세상이 있다는 겸손한 마음으로 더 크고 먼 미래를 지향하길 바랍니다.

대학 내 활동으로 예상치 못한 새로운 길을 만날 수도 있어요.
서울예술대학교 공연학부 10학번 | 박형우(설치미술 작가)

설치미술을 중심으로 조향, 퍼포먼스 등 다양한 예술활동을 하고 있는 박형우입니다. 저는 대학에서 연극 연출을 전공하면서 다양한 연극무대를 올렸습니다. 그런데 연극무대를 만들수록, 무언가를 통해서 관객들과 소통하는 것이 아니라 거치는 것 없이 내가 직접 관객들과 소통하고 싶다는 갈증을 느꼈어요.

그러던 중 선배의 권유로 '개그 동아리'를 접하게 됐습니다. 유명한 개그맨 선배들도 많이 있는 동아리였고 평소에 타인의 웃음에 기쁨을 느끼던 제 성격과 잘 맞아서 처음에는 막연한 흥미로 가입했습니다. 저는 동아리에서 연극무대에서는 흔히 볼 수 없던 한 희곡을 각색했고 웃음 코드를 섞어 개그 무대를 만들었습니다. 연출과 출연을 도맡았는데 무대 위에서 바로 관객들과 소통하며 받았던 에너지와 관객들이 즐거워하는 모습이 여전히 기억에 남아 있습니다. 이런 경험을 통해 더 다양한 방면에서 예술을 기반으로 소통하는 사람이 되고 싶다 생각했습니다.

동기들이 저를 '개그학과' 학생이라 부를 정도로 동아리 활동을 열심히 했습니다. 사람들과 두루 잘 지내고 리더십이 있는 성격이라 동아리 회장까지 하게 되면서, 사람들을 이끌며 집단을 책임지는 경험, 다양한 학과의 학우들과 만나 '좋은 무대'라는 하나의 목표를 이루어 가는 방법 등을 배웠습니다. 세상을 바라보는 시야도 넓어졌고 성격도 더 밝고 긍정적으로 변했습니다. 특히 동아리 활동을 하면서 많은 개그 콘티를 만들어야 했는데, 이를 위해 일상에서도 '사람들이 무엇에 관심있어 하는지', '무엇을 재미있어 하고 무엇에 웃는지' 관찰하기 시작했습니다. 이때 제가 훈련한 일상 속의 재미 요소를 포착하는 능력, 사람에 대한 관심 그리고 창작 열정은 더 나아가 현재 하고 있는 예술활동에도 도움이 되고 있습니다.

대학교는 내 의지만 있다면 수많은 행사와 여러 활동들을 자유롭게 이용할 수 있습니다. 대학교가 푸른 초원이라면 학생은 그곳을 자유롭게 뛰어다니는 망아지라고 할 수 있는 것이죠. 천 리, 만 리까지 달리다 보면 졸업할 즈음엔 누구보다 빠른 적토마가 되어 있으리라 생각합니다. 여러분도 자신의 장점을 더욱 발전시킬 수 있는, 새로운 경험을 할 수 있는, 평소에 하고 싶었지만 하지 못했던 동아리 활동을 적극적으로 체험해 보길 추천합니다. 상상하지 못한 것들을 얻게 될 수도 있으니까요!

연합동아리로 더 넓은 사회를 만나볼 수 있어요.
연세대학교 정보산업공학과 15학번 | 이정현(대학생)

현재 대학에 다니며 취업준비로 바쁜 나날을 보내고 있는 스물 다섯 이정현입니다. 저는 '지금보다 더 나은 사람이 되자'는 마음가짐으로 살고 있습니다. 세상의 다양한 모습을 볼 줄 알고, 다양하게 사고할 줄 아는 사람이 되고자 하기에 여러 경험을 통해 꾸준히 시야를 넓혀가고 있습니다.

수능만을 목표로 학생들을 다그치는 K-고등학교에 진학해 대학 하나만을 바라보고 살다 보니, 다양한 생각을 이해하고 주체적으로 사고할 줄 아는 것이 무척 중요하다고 느꼈습니다. 그래서 여러 분야가 있는 산업공학에 진학해 더 넓은 세상을 보고자 했고, 진학 후에도 하나의 전공에 매몰되기보다는 다양한 대외활동을 하면서 안목을 더욱 더 넓혀야겠다 다짐했습니다.

저는 여러 대학의 산업공학과 학생들이 교류하는 캠프를 개최하는 연합동아리 'FIELD' 기획단에서 활동했습니다. 3월부터 캠프가 시작하는 8월까지 다양한 학교의 산업공학과 학생들이 캠프에 모여서 친목 교류, 공모전 등을 성공적으로 수행할 수 있도록 준비했습니다. 대학교 2학년 때는 기획단장과 학교 대표를 맡아 약 200명의 참가자들이 재밌는 캠프를 경험할 수 있도록 이끌고, 전체 기획단을 이끄는 경험도 했습니다. 여러 학교 학생들이 참여하는 캠프인 만큼 다양한 친구들을 만날 수 있었습니다. 그 과정에서 같은 분야의 학과에 다니고 있지만 저와 다른 배경을 가진 친구들은 어떻게 커리어를 계발하고 있는지, 어느 부분에 집중하면서 살아가는지도 알 수 있었습니다. 이런 교류를 통해 제 스스로를 발전시키는 방법에 대한 힌트도 얻을 수 있었습니다.

저학년 때는 하나의 뚜렷한 목표를 위해 다양한 학교 학생들로 구성되는 연합동아리에 참여해 보는 것을 추천합니다. 명확한 목표가 있어야 동아리 활동이 흐지부지 되지 않고, 또 다양한 학교로 구성이 될수록 다양한 배경의 사람들을 만나 많은 것을 배울 수 있습니다. 저학년일수록 교내 활동에만 집중하기 쉽지만 더 넓은 세상에서 나오는 다른 배경의 학생들을 만나 앞으로 대학생활을 어떻게 발전시켜 나가야 할지 얘기하다 보면, 내가 생각하지 못했던 힌트를 얻을 수도 있을 것입니다. 여러분이 더 넓은 세상에서 다양한 안목을 쌓을 수 있길 바랍니다.

킴닥스의 대학생활백서

슬기로운 대학생활을 위한 인간관계 대처법

대학에서는 '진짜 친구'를 못 사귈까?

인간관계 속 진리, 언덕 위 울타리 이야기

사람들이 사랑하는 사람이 되는 방법

인간관계의 한 끗 차이, 연인·선배·윗사람

" 구독자 여러분과 온라인이나 오프라인으로
이야기를 나누면서 인간관계에 대한
고민과 어려움을 가진 분들이 무척 많다는 것을 알았습니다.
특히 단체 활동을 하게 되는 학교나 직장에서의
인간관계가 고민인 분들이 대부분이죠.
인간관계 문제는 발생하기는 쉽지만
스트레스가 크다 보니 누구에게나 어려운 과제예요.
혹시 지금 이런 문제로 스트레스를 받고 있다고 하더라도
자책하지 마세요. 지금부터 저와 함께 대학생활의
인간관계에 대한 이야기, 어떻게 하면 사람들과
좋은 관계를 유지할 수 있는지 알아보도록 할게요. "

대학에서는
'진짜 친구'를 못 사귈까?

"대학에서는 진짜 친구를 사귀기가 어렵다."라는 말 한 번쯤 들어본 적 있지 않나요? 초, 중, 고등학교 때 사귀었던 친구들에 비해 대학을 비롯한 사회에서 만나는 친구들과는 깊은 친구가 되기 어렵다는 이야기인데요. 여러분은 어떻게 생각하나요? 저도 이런 얘기를 듣고 대학에 입학했는데, 돌이켜 보면 '그렇지 않다'는 답을 내릴 수 있을 것 같아요. 대학교 때 사귄 친구들과 여전히 연락하고 지내며 서로 생일도 챙기고 만나면 편하게 수다도 떨거든요. 내가 그 인연을 얼마나 이어가고 싶은지에 따라서, 또 내가 마음을 쓰는 만큼 달라지는 것 같습니다.

　초, 중, 고등학교 때와 대학교에서의 친구 관계가 가장 달라지는 부분은 친구라는 존재가 '내 세계의 전부'가 아니게 된다는 점입니다. 학창 시절에는 학급 체제로 반이 형성되고 심지어 일주일 중 대부분의 시간을 학교에서 보내니 학급이라는 공간이 내가 살고 있는 하나의 사회가 되고 그 안에서 일어나는 일들이 엄청나게 큰일이라고 느껴지곤 합니다.

하지만 대학에 오면 훨씬 자유로운 분위기가 됩니다. 동기라는 개념이 있지만 고등학교 때처럼 하루 중 오랜 시간을 강제로 붙어있어야 하는 것도 아니고 심지어 학년이 올라갈수록 각자 듣게 되는 수업도 다 다를뿐더러, 학교에 다니는 것조차 개인이 선택할 수 있는 영역이 되니까요. 어쩌면 오랜 시간 함께 붙어 있을 수밖에 없는 환경에 비해서는 깊은 사이가 되기 힘들 수도 있겠죠. 하지만 오히려 따로 시간을 내어 더 재미있게 놀 수도 있고, 함께 여행을 가거나 깊은 이야기도 나누는 등 새롭게 할 수 있는 것들도 많답니다. 내가 이 친구에게 얼마나 곁을 내어주고 마음을 다하는가에 따라 대학을 졸업하고 어떤 친구들이 곁에 남는지 결정되는 것 같아요.

또한 이렇게 훨씬 자유로운 분위기에서는 나를 힘들게 하는 사람이 있어도 안 보면 그만이라는 거예요. 그러니 여러분을 힘들게 하는 누군가 때문에 여러분의 소중한 세상이 무너지지 않았으면 합니다. 이제 같은 공간에 있는 타인이 내 세계의 전부가 될 수밖에 없는 시기가 지나갔으니까요.

인간관계 속 진리, 언덕 위 울타리 이야기

많은 구독자분들이 인간관계에 대한 고민을 공유해 주어 몇 년 전 한 영상을 제작해 유튜브 채널에 올렸습니다. 인간관계에 대한 제 생각을 담은 영상이었어요. 이번에는 그 영상 속 이야기를 나누어드리고 싶어요. 이건 학창 시절, 부모님께서 해주신 이야기에서 시작해 그동안 많은 사람들을 겪으며 깨달은 것들로 완성된 이야기입니다.

> 인간관계는 언덕 위에 울타리를 치고 있는 것과 같다.

아버지는 제게 인간관계란 마치 언덕 위에 울타리를 치고 있는 것과 같다고 이야기하셨어요. 그 울타리에 들어오는 사람은 나와 관계를 맺는 사람이고 나가는 사람은 그 반대겠죠. 여기서는 내가 만드는 울타리의 높이가 중요합니다. 울타리가 높을수록

"인간 관계는 언덕 위에 울타리를 치고 있는 것과 같다. "
Kunst

▶ 그림으로 표현한 '언덕 위 울타리' 이야기 ◀

사람을 맞이할 때의 내 마음 장벽이 높은 것이고, 반대로 울타리가 낮을수록 사람을 맞이할 때의 마음 장벽이 낮은 거예요. 이렇게 내가 설정한 울타리의 높이는 내 관계 속에 들어오는 사람을 맞이할 때도 영향을 주지만, 더 중요한 건 내 울타리를 나가려는 사람을 보낼 때에도 큰 영향을 줍니다.

나의 울타리를 높여 놓는다는 건, 사람과의 관계를 그만큼 어렵게 생각한다는 의미입니다. 관계라는 것 자체가 쉽지 않기 때문에 높은 울타리를 갖고 있는 사람은 울타리 안에 들어온 사람에게 너무 많은 기대를 하게 됩니다. 많은 기대를 하면 자연스레 받고 싶은 것이 생기고, 서로의 관계도 영원하길 바라게 됩니다. 하지만 내가 기대했던 사람이 어느 날 갑자기 내 울타리를 나가려고 하면 어떨까요? 세상이 무너질 만큼 힘들고 마음에 큰 상처를 입어 좌절하게 될지도 모릅니다. 인간관계에서 마음고생을 하는 대부분은 이미 울타리에 들어온 사람들, 가까운 사람들 때문인 경우가 많습니다. 친구, 직장 동료, 가까운 지인 등 말이죠.

네가 어떻게 나한테 이래?

인간관계로 힘든 순간 마음속에 떠오르는 말입니다. 이 말 속에는 의식적이든 무의식적이든 '내가 이만큼 해주면 상대도 그만큼 해주겠지'라는 기대 심리가 들어가 있습니다. 이런 심리는 자연스러운 감정이기 때문에 잘못된 것은 아니에요. 그런 마음이 든다고 자책할 필요는 없습니다.

하지만 이런 마음으로 인간관계를 만들어갈수록 힘들어지는 건 자기 자신이에요. 자신의 울타리 안에 들어온 사람에게 기대를 하는 일이 당연해진다면 그만큼 상처받기도 쉬워져 이후에 마주할 다른 관계들도 어렵고 두렵기 쉽습니다. 가장 큰 문제는 어느 순간 나도 모르게 관계 안에서 셈을 하거나 건강하지 못한 모습으로 상대에게 집착하게 될 수도 있다는 것입니다. 그러면 상대는 더욱 멀어지는 악순환이 반복됩니다.

이런 마음이 들지 않도록 나의 울타리를 낮추는 자세가 필요합니다. 울타리를 낮춘다는 의미는 나에게 오는 사람을 누구나 반갑게 맞이하되, 그 사람들이 내게서 떠날 때도 의연해지는 겁니다. 내 울타리 안으로 들어온 사람과의 관계가 영원할 것이라는 생각을 버리고 나를 떠날 수도 있다는 사실을 인지하고 있는 것이죠. 떠날 것을 미리 걱정하라는 말은 아닙니다. 단지 이렇게 알고 있는 것만으로 상대와 좋은 관계를 유지하기 위한 작은 노력들을 할 수 있게 됩니다. 조금 더 배려하고 소중하게 여길 수 있게 되죠. 그래서 울타리 안 사람들에게 무언가를 베풀 때에도 대가를 바라는 마음이 아니라 '그냥 좋아서', '그냥 해주고 싶어서' 무언가를 베풀게 됩니다. 이런 마음으로 사람들에게 베풀기 시작하면 나중에 누군가 나를 떠날 때에도 그 사람이 밉고 원망스러운 감정보다는 이렇게 생각하게 됩니다.

> 나는 네가 내 울타리 안에 있을 때 최선을 다해 잘해줬다.

물론 저도 여전히 누군가 제 울타리를 떠나간다면 슬프긴 합니다. 우리는 인간이라 그런 감정까지는 어쩔 수가 없어요. 하지만 의연함을 갖춘다면, 적어도 인간관계에서 당연히 찾아올 수 있는 아픔에 파묻혀서 어리석게 울타리를 높이거나 울타리 안의 소중한 사람들을 소홀히 대하는 일은 하지 않게 됩니다.

사람들이 사랑하는
사람이 되는 방법

울타리를 낮추는 마음가짐으로 주변 사람들에게 베풀면 어떻게 될까요? 누군가 나에게 잘해주고 나를 챙겨주는데 무언가를 바라서가 아니라 나에 대한 순수한 호감과 호의로 잘해주는 것이 느껴진다면 그 사람에게 마음을 열게 되지 않을까요? 이런 마음가짐으로 사람들을 대한다면 인간관계 속 상처에 강해질 뿐만 아니라, 주변에 나를 응원하고 좋아해 주는 사람들이 모여들게 됩니다. 그리고 이 울타리 이야기의 가장 중요한 점은 사람을 잘 떠나보내는 것이 아니라, 울타리 안에 들어온 사람들과 '관계를 잘 유지하는 것'입니다. 저는 그 기본이 '존중'이라고 생각합니다.

> 가까운 사이일수록 예의를 지켜야 한다고 생각해.

친한 친구가 했던 이야기인데, 무척 공감했던 터라 지금까지 제가 사람들을 대하는 태도로 삼고 있는 말입니다. 누군가는 가까운 사이라면 어떤 얘기도 나눌 수 있을 만큼 편해야 한다고도 말합니다. 물론 불편함이 없어야 가까운 사이이지만 저는 관계 속에서의 예의는 다른 맥락이라고 생각합니다. 진정 깊은 관계를 위한다면 '불편하지 않은 어려움'이 필요하고 그게 관계 속의 예의이자 존중이라고 생각합니다.

가까운 사이일수록 잊기 쉬운 것들이 많습니다. 당장 부모님과 교수님을 대하는 것만 비교해도, 교수님께는 말 한 마디도 골라 신중하게 하지만 부모님께는 어떤 말도 쉽게 해버리죠. 가족뿐만 아니라 친구, 연인도 마찬가지입니다. 가깝고 소중한 관계일수록 더 아껴주고 사랑하기보다 편하다는 핑계를 대며 말 한마디로 상처주기가 얼마나 쉬운가요? 기본적인 약속을 지키고 서로 신뢰를 깨지 않는 것, 상대가 상처받을 수 있는 말은 조금만 더 신경 써 하는 것 등 무척 당연한 일인데 오히려 먼 관계에서 지키기가 더 쉽기도 합니다.

저는 가장 친한 친구들을 누구보다 편하게 생각하면서도, 예의를 지키려고 늘 신경 씁니다. 두 손 모으고 공손히 인사하는 예의가 아니라, 도가 지나친 행동을 하지 않고 작은 약속을 잘지키고 잘 베풀고, 한 마디 말도 주의를 기울이는 예의이자 배려입니다. 그런 진중함이 깊고 진실된 관계를 만들 수 있다는 것을 잊지 마세요.

하지만 이렇게 존중과 배려를 하다가도 어느 날 갑자기 누군가 나를 멀리 한다면 여러분은 어떤 생각이 드나요? 처음에는 당연히 '무슨 일이 있었지?' 하고 상황을 살펴보고 기억을 되짚어 볼 것입니다. 그런데 가끔 내가 해를 입히지 않았음에도 갑자기 내게 등을 돌리는 사람들이 있습니다. 저 또한 처음에는 어떻게든 왜 나를 멀리 하는지 알아내려 했고, 또 오해가 있다면 기꺼이 풀어야 한다고 생각했습니다. 그러면서 정말 많은 에너지를 썼고요. 하지만 지나고 보니 그냥 나를 싫어하고 싶은 사람은 이유를 만들어서라도 나를 싫어할 수 있다는 것을 알게 됐습니다. 내가 잘못한 것이 있다면 당연히 상대방에게 진심으로 사과하고 상황을 바로잡아야 하지만, 그렇지 않은 경우도 있기에 그런 상황에 의연해질 필요가 있습니다.

누군가 나를 미워할 수 있다는 사실에 상처받지 마세요. 냉정하게 나 또한 모두를 사랑할 수 없잖아요? 때로는 멀리 두었을 때 더 좋은 사람들이 있더라고요. 꼭 모두와 가까이 지내야만 인간관계가 좋아지는 것은 아닙니다. 오히려 가까워졌을 때 서로에게 좋지 못한 영향을 주는 관계도 있습니다.

또 다른 경우에는 사람 자체의 문제라기보다는 그 사람이 처해 있는 상황이 나를 있는 그대로 받아주기 어려울 때도 있습니다. 내가 전하는 진심이 왜곡될 수도 있고, 내 말을 더 쉽게 오해할 수도 있고 그게 나를 미워하는 단서가 될 수 있는 것입니다.

그렇기 때문에 영문도 모르게 나를 멀리하는 사람을 나 또한 과도하게 신경 쓰며 같이 미워하는 것은 의미가 없는 일입니다. 앞서 이야기한 것처럼 스스로의 울타리를 낮게 만들고 누군가 떠나가더라도 의연하게 보내주세요. 저는 누군가 제 언덕 위 울타리를 떠난다고 한다면 그만의 사정이 있겠지 하고 보내줍니다. 지나고 보면 그런 사람들에게 필요한 것은 시간이더라고요.

> 언젠가는 돌아오겠지. 아니면 어쩔 수 없고.

내가 상대에게 진심을 다했음에도 상황이 여의치 않아서 나의 진심을 받아들여 줄 수 없다면, 내가 그 사람을 위해서 할 수 있는 일은 그 자리에서 기다려주는 것입니다. 시간이 지나 상황이 나아지거나 생각이 성숙해지면 돌아올 사람은 자연스럽게 돌아오게 되더라고요.

이때 그 사람을 맞이하는 선택은 여러분 몫입니다. 이미 큰 상처를 받았다면 오지 말라고 내칠 수도 있고, 내 마음이 허락한다면 용서하며 왜 그랬는지 이유를 물을 수도 있겠죠. 아무 말 않고 그냥 또 다시 잘해주는 선택도 있을 것입니다. 관계를 받아들이는 마음이 모두 다르고 상황도 다르기 때문에 무엇 하나가 항상 옳다고 얘기할 수는 없습니다. 말 그대로 여러분의 선택입니다.

▶ 인간관계에 대한 모든 고민을 해결해 주었던
'언덕 위 울타리 이야기'를 영상으로 만나볼까요? ◀

　저는 다시 제게 돌아오는 사람이 있다면 보통은 아무 말 하지 않고 다시 받아들이게 되더라고요. 마음의 울타리를 낮추고 있으면 나를 떠났다가 돌아온 사람에게조차 화가 나지 않아요. 초월하는 느낌이랄까요? 그냥 '나는 이렇게 사랑이 많은 사람인데, 네가 날 떠나서 그동안 넌 이런 내 사랑을 못 받았구나. 흥!' 하고 말면 그만이라 생각합니다.

　그렇게 나를 떠났던 사람이 먼 길을 돌고 돌아서 다시 왔을 때, 내가 그 언덕에 그때와 같은 높이의 울타리로 한결같은 사람으로 있는 것이 상대에게는 작은 감동이 되더라고요. 그때 비로소 그 사람도 내 울타리 안에 들어와 나와 가까운 사람이 되기도 합니다.

인간관계의 한 끗 차이,
연인·선배·윗사람

성인이 되어 사람 사이의 다양한 관계를 경험해 보는 것은 무척 중요한 일입니다. 이번에는 조금 더 구체적인 관계에 대해 이야기해 볼게요.

연인과의 건강한 관계

> 연애란 우주간의 충돌과 같다.

　영화나 드라마에서 나오는 대학생 연인들을 보며 한 번쯤은 멋진 연애에 대해 상상해 본 적 있지 않나요? 대학생활에 연애가 필수적이라고 생각하지는 않지만, 누군가와 연애를 한다는 건 자연스럽게 새로운 세상을 경험해 볼 수 있는 일이라 연애 자체를 두려워하지 않았으면 좋겠어요.

하지만 연애를 할 때 걱정되는 리스크들도 분명 있을 것 같아요. 연애에 대해 제 유튜브 채널 구독자분들이 많이 하는 질문 중 하나가 "CC(캠퍼스 커플)를 해도 될까요?"입니다. 제 대답은 '반반'이에요. 사실 대학생이던 때에는 '절대 네버'였어요. 캠퍼스 커플은 사귈 때에는 자주 볼 수 있어 좋지만 만남부터 이별까지 학교의 모두가 알게 되는 게 보통이거든요. 게다가 모두가 한 마디씩 거들 수 있는 관계라 헤어지고 나서 휴학을 하거나 힘들어하는 친구들을 많이 봤습니다. 그래서 가십이나 구설수에 오르고 싶지 않았던 저는 캠퍼스 내의 연애 자체를 마다했습니다.

하지만 졸업을 하고 보니 이것도 고등학교를 졸업하고 대학에 들어왔을 때의 감상과 같더라고요. 대학생 때에는 그런 가십이 엄청나게 크고 심각하게 여겨졌지만 졸업을 하고 더 큰 세상에서 인간관계를 맺으면서 그때의 추억이 하나의 해프닝처럼 여겨지기도 하니까요. 그리고 캠퍼스 연인으로 시작해 평생을 함께 할 배우자가 되는 경우도 있으니, 연애에 대해서는 어떤 것이 백 퍼센트 맞다고 말할 수 없는 것 같습니다. 대신 연인과의 관계 또한 성숙하게 맺는 마음가짐이 중요합니다.

저는 인간관계가 '여러 우주의 충돌 같다'는 생각을 자주 했습니다. 내가 구축해 온 우주가 있으니, 누군가와 관계를 맺는다는 것은 완전히 다른 새로운 우주를 맞이하는 것과 같다고 생각했어요. 특히 연애는 그 우주가 더욱 강력하게 충돌해 새로운 우주를 만들어내는 것과 같습니다. 스파크가 마구 튀고 폭발이 일어나기도 합니다. 연애를 하는 동안에 연인은 서로의 가장 가까운 사람이며 서로가 가장 잘 보이고 싶은 사람이다 보니, 나의 말과 행동이 상대에게 큰 영향을 줄 수 있고 반대로 상대의 말과 행동 또한 나에게 큰 영향을 끼칠 수 있으니까요. 그래서 저는 연인 사이의 '존중'이 무척 중요하다고 생각합니다. 가까운 사람 사이에 격식을 차리는 것이 아니라 앞서 말한 '불편하지 않은 어려움'이 있어야 한다는 말입니다. 나를 좋아하기 때문에 함부로 할 수 있는 사람이 아니라 그 관계를 소중하게 유지하기 위해 잘해줄 사람인 것이죠.

서로의 영역에서도 존중이 필요합니다. 어릴 때 하는 연애일수록 연애를 완전한 합일(合一)의 과정이라고 생각해 상대방을 통제하는 것이 당연하다고 생각하기 쉽습니다. 하지만 이것은 상대가 쌓아온 우주를 부숴버리는 것과 같다는 사실을 잊지 말아야 합니다. 내가 사랑하게 된 모습은 그 사람이 자신의 생각과 경험으로 열심히 쌓아온 우주임을 잊지 마세요. 무언가 원하는 것이 있다면 강요가 아니라 충분한 대화를 통해서 설득할 수 있어야 합니다. 또 그 과정에서 나의 의견만을 강제하지 않고 상대를 이해하는 마음을 갖춰야만 건강한 관계를 유지할 수 있습니다.

좋은 연애, 건강한 연애를 하기 위해서는 '좋은 상대'를 만나는 것도 중요하지만 스스로 '좋은 상태'가 되는 것이 무척 중요하다고 생각합니다. 저도 대학생활을 하며 다양한 사람들을 만나고 연애를 하다가, 일부러 아무도 만나지 않고 연애를 쉬어 간 적이 있습니다. 무척 좋아했던 연인에게 어느 순간 심적으로 의지하게 되면서 그 사람의 사소한 표현과 행동에 제 기분이 좌우된다고 느꼈기 때문입니다.

신경이 온통 상대방에게 쏠려 있을수록 상대의 작은 반응에 기분이 좋았다가 나빠지기도 하고 스스로 중심을 잡지 못하고 흔들리게 됩니다. 그때 저는 연애에서도 스스로가 안정적인 상태가 되는 것이 먼저라는 사실을 깨달았습니다. 누군가가 내 옆에 없더라도 온전하게 혼자 설 수 있어야, 내 곁에 온 사람의 손을 흔들리지 않게 잡아줄 수 있다는 말이죠.

스스로 온전하게 서 있을 수 있는 상태에서 상대방을 사랑하는 것과 휘청이며 상대방에게 기대려고 하는 것은 매우 다릅니다. 후자는 집착이 될 수 있고 상대방에게 더 많은 희생을 요구하게 될지도 모릅니다. 그건 건강하지 못한 관계이고 상대뿐만 아니라 스스로를 피폐하게 하는 관계입니다. 그렇기 때문에 건강한 연애를 하고 싶다면 내 스스로를 먼저 돌볼 필요가 있습니다. 나의 결핍과 불안함을 연인의 사랑으로 채우지 않고, 나의 취미, 무언가를 통한 성취감 등 스스로가 계발하고 컨트롤 할 수 있는 영역으로 채울 수 있어야 합니다. 어떤 상황에서든 내가 통제할 수 없는 영역에서 나의 결핍을 채우려고 하지 마세요. 그건 끊임없이 나를 갉아먹는 악순환의 고리가 될 뿐입니다.

내 삶에 충분히 만족하고 집중할 수 있을 때, 누군가에게 나의 곁을 내주고 사랑을 나누어 줄 수 있다면 그 관계는 충분히 안정적이고 건강한 관계로 발전될 수 있습니다. 그런 관계 속에서 상대를 이해하고 사랑하며 배우는 것들이 무척 많을 거예요.

선배·윗사람과의 현명한 관계

●

이제 대학에서의 연애만큼 새로운 또 하나의 관계를 이야기해 볼게요. 대학에서는 초, 중, 고등학생 때에 비해 나보다 나이가 많은 사람들을 만날 기회가 많습니다. 선배들을 비롯해 교수님, 외부 활동을 하며 만나게 될 수많은 어른들이 있죠. 어릴 때에는 윗사람들이 마냥 불편하게 느껴지기도 합니다. 재미있는 대화를 기대하기도 어렵고 나와는 다른 세상에 살고 있는 사람들이라는 생각도 듭니다. 특히 교수님이나 외부에서 만나게 되는 어른들처럼 나이 차이가 꽤 있는 사람들을 나와는 인연이 없는 사람들로 생각하기 쉽죠. 하지만 사회에 나가서 내가 하고자 하는 일에 직접적인 도움과 조언을 구할 수 있는 사람은 바로 나의 윗사람들이기에 이들과 좋은 관계를 유지하는 것도 무척 중요합니다. 그리고 어쩌면 좋은 친구처럼 돈독한 관계가 될 수도 있답니다.

나이 차이가 있는 관계에서 그 관계를 유지하는 것은 누구에게 달렸을까요? 의외로 나이가 어린 사람의 역할이 중요합니다. 보통 연장자가 리드해 주어야 한다고 생각하는데 의외이지 않나요? 저도 어릴 때엔 몰랐지만 선배가 되고서야 알았습니다. 나이 차이가 많이 날수록 먼저 밥을 먹자고 청하는 일이 혹시 상대에게 부담이 될까 껄끄럽기 마련입니다. 윗사람이 어려워 애먹었던 경험이 누구에게나 있기 때문이죠. 내가 그런 불편한 상황을 만드는 일명 '꼰대'가 되고 싶진 않으니까요.

나이 차이가 나는 관계에서는 나이가 어린 사람이 주기적으로 연락을 하고 만남을 만들어야 친밀한 관계가 형성되기 쉽습니다. 노력을 기울이는 어린 사람이 많지 않기 때문에 어른들 입장에서는 어쩌다 그런 친구들을 만나면 눈여겨 볼 수밖에 없습니다.

저는 스무 살부터 대학생활과 병행하여 외부에서 다양한 일들을 했기 때문에 또래 친구들보다 어른들을 만날 기회가 많았습니다. 윗사람에게 예의를 잘 지키는 것은 당연하고 우연히 알게 된 사람들이라도 인연을 이어가기 위해 노력하는 편이었습니다. 그리고 어른들은 그런 제 모습을 무척 인상적으로 봐주어서 인연을 이어가는 경우가 많았습니다.

고등학생 때 ABU(아시아태평양방송연맹)에서 주최한 'Digista teens'라는 국제 영상제가 있었는데, 제가 출품한 영상이 한국 대표로 선정되어 ABU에 가입된 나라들에 방영되었던 적이 있습니다. 그때 국내 방송사에서 제 영상을 한국 대표로 해외에 송출하기 전에, 현업에 있는 여러 전문가들에게 도움을 받을 수 있도록 연결해 주었습니다. 이때 만난 감독님과는 대학에 입학해서도 꾸준히 연락을 이어나갔습니다. 사무실에 놀러 가서 전문 장비들도 구경하고 어떨 때엔 인생 상담을 요청하기도 했습니다. 그리고 몇 년 뒤, 세계 최초의 웹 무비 프로젝트 〈Fairytale in Life〉를 제작하던 중 후반 CG 작업을 해줄 팀이 필요했는데 이때 감독님께 큰 도움을 받을 수 있었고 멋진 영상을 완성할 수 있었습니다.

또 이십 대 초반, 방학 동안 인턴으로 재직했던 회사에서는 노력하는 제 모습을 본부장님께서 좋게 봐주어 인턴 기간이 끝난 후에 다른 회사의 일을 할 수 있도록 한 회사 대표님을 소개해 주신 적이 있습니다. 교육 서비스업을 운영하던 분이었고 저와는 온라인 바이럴 영상 제작으로 이야기를 나누었는데, 몇 년 뒤 그 대표님은 본인의 비전을 이루어 국내에서 손꼽히는 영어 교육 서비스 회사의 대표가 되었습니다. 그리고 다시 만난 자리에서 대표님은 저와 함께 콜라보 영상을 제작해 볼 것을 제안하며, 더 큰 물에서 놀려면 언어가 자유로워야 한다며 영어 교육을 지원해 주시기도 했습니다.

위 두 에피소드는 수많은 에피소드의 일부입니다. 이렇게 윗사람과 좋은 관계를 맺고 유지하는 것으로 더 다양한 네트워크를 만들 수도 있고, 대화를 통해 안목이 넓어지기도 합니다. 그렇기 때문에 어른들을 마냥 어려워하지 말고 적극적으로 조언도 요청해 보고 본인의 비전을 이야기해 보면 좋겠습니다. 저 또한 윗사람들에게 제 꿈과 목표를 공유하는 것에 주저하지 않았으니까요!

대학생활을 하면서는 초, 중, 고 학창시절보다 훨씬 다양하고 많은 사람들을 만나게 됩니다. 그리고 다양한 사람들을 만나는 만큼 다양한 트러블을 겪게 될 수도 새로운 도움을 받을 수도 있습니다. 하지만 이 파트에서 알려드린 마음가짐이 기본이 된다면 그 어떤 트러블도 걱정 없습니다. 건강하고 단단해진 마음의 언덕은 웬만한 폭풍에 쓸려나가지 않을 거예요.

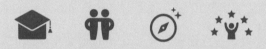

킴닥스의 대학생활백서

대학 밖의
대학생활
한계를 부수는
다양한 도전

눈치는 NO! 하고 싶은 일을 하는 마음가짐
꿈을 꾸는 사람은 동화를 만날 거예요
출품하면 수상하는 공모전 필승법
창작으로 시작해 창업으로 이어지는 길
여행, 새로운 세계로 나를 던지는 모험
휴학이 도전? 잠깐 멈출 수 있는 용기
구독자 STORY

"

대학생활을 하며 만나는 '도전'이라는 단어는

굉장히 대단하고 거창해 보이지만,

사실 '마음만 먹으면' 해낼 수 있는 것이기도 합니다.

물론 그 마음을 먹기가 어려운 분들이 많을 거예요.

그 이유는 대부분 실패에 대한 두려움 때문입니다.

'실패하면 어쩌지?', '남들이 비웃을 거야',

'괜한 시간 낭비를 하는 건 아닐까?'

도전에 앞서 생각과 걱정이 많아지는 것은 당연합니다.

하지만 높이 뛰려면 몸이 가벼워야 해요.

원하는 지점까지 높이 뛰기 위해서, 이번 파트에서는

여러분의 마음을 가볍게 해줄 이야기를 준비했어요.

"

눈치는 NO! 하고 싶은 일을 하는 마음가짐

저는 대학생활을 하며 정말 많은 도전을 했습니다. 사람들이 유튜브 '구독하기'조차 잘 몰랐던 시기에 유튜브를 시작했고, 많은 대회에 참가했고, 세계 최초의 웹 무비 프로젝트를 진행했고, 해외로 나갔어요. 이 밖에도 인턴, 동아리, 창업 등 많은 도전을 했는데, 도전에 앞선 저의 머릿속은 늘 간결했답니다.

내가 하려고 하는 일이 도덕적이지 않거나
남에게 피해를 주는 일인가? ▶ No ▶ 그럼 한다!

멋진 일들을 해내기 위해서는 대단한 생각을 해야 할 것 같지만, 사실 중요한 것은 수많은 생각보다도 '한다!'라는 행위입니다.

저런 걸 왜 해? 저게 돈이 돼?

쓸데없는 데에 시간 낭비하는 거 아니야?

제가 유튜브를 시작할 때는 많은 사람들이 이렇게 생각했고, 이 생각이 보편적인 시기였습니다. 하지만 저는 유튜브가 필요했어요. '한국을 세계에 심는 영상제작자'라는 꿈을 위해서 많은 영상을 만들어봐야 한다고 생각했고, 그 영상을 많은 사람들에게 보여주고 피드백 받고 싶었기에 유튜브를 선택한 건 자연스러운 일이었어요. 내가 원하는 목표를 위해 노력하는 것은 아주 멋진 일이라고 생각했기 때문에 유튜브라는 새로운 도전을 하는 것에 두려움이 없었고 남들의 생각은 중요하지 않았습니다.

남에게 피해주는 일이 아니니까 하는 도전이잖아요? 그런데 누군가 나의 도전을 맹목적으로 비난하려 한다면 그건 내가 이상한 게 아니라 그 사람이 이상할 뿐입니다. '나와 생각이 다른 사람이구나' 하고 넘어가면 그만이에요. 나를 비난하는 말들을 마음에 담아둘 필요도, 그런 사람들 때문에 소중한 도전을 멈출 필요도 없습니다.

제가 뷰티 유튜버를 시작하게 된 것도 이런 마음가짐 덕분이었습니다. 고등학생 때 우연히 TV 뷰티 프로그램에서 메이크업 영상을 보고 흥미를 느꼈습니다. 그림을 좋아해 어릴 때부터 만화와 그림을 그려와서, 메이크업도 얼굴에 그림을 그리는 것처

럼 느껴졌어요. 그때부터 영상 제작자가 되겠다는 꿈이 있었기
때문에 막연히 이런 생각을 했어요.

　　　　대학에 가면 취미로 메이크업 영상도 만들어봐야지.

　대학에 입학해 유튜브 채널을 개설하면서 막연했던 생각을
실천으로 옮겼습니다. 유튜브도 어색했던 시절이니 메이크업 영
상은 더더욱 어색했죠. 주변에서는 제가 뭘 하는지 무척 궁금해
했습니다. 그래도 저는 계속해서 영상을 만들었고, 어느 날 저
녁 전화가 걸려왔어요. 한 MCN 회사의 이사님이었습니다. 지금
은 무척 유명한 회사로 성장했지만 그때는 스타트업으로 막 사
업을 시작했던 때였어요. 당시 이 회사를 필두로 국내외의 큰 기
업들이 모여, 대한민국에도 뷰티 유튜버를 만들어보자는 취지로
커리큘럼을 만들었고 여기에 참가할 크리에이터를 찾고 있던
중이었습니다. 그 분은 우연히 제 영상을 보고 가능성을 보았다
며 교육에 함께해 볼 것을 제안했습니다. 그때 저는 뷰티 유튜버
에 대한 개념도, 사실은 유튜버에 대한 개념도 명확하지 않았지
만 분명 새로운 기회들이 열릴 것이라는 직감이 들었어요. 그리
고 생각했죠.

이 도전이 도덕적이지 않거나
남에게 피해를 주는 일인가? ▶ No ▶ 그럼 한다!

그렇게 저는 교육에 참가했고 여러 가지 미션을 수행하며 유튜버로서 열어갈 수 있는 더 큰 세상을 보았습니다. 그 후 본격적으로 유튜버로 활동하겠다 다짐했어요. 그리고 교육의 마지막 미션에서 만든 영상이 우수작으로 뽑히면서 유튜브 메인에 제 채널의 광고가 걸리게 되었습니다. 그렇게 저는 본격적인 크리에이터 활동을 시작했습니다.

그 후로 상상할 수 없던 수많은 멋진 일들이 펼쳐졌고 저는 기회들을 잡을 수 있었습니다. 그리고 지금 이렇게 이 책으로 여러분을 만나고 있네요. 만약 제가 그때 전화를 받고 "아니요. 참가하지 않겠습니다."라고 거절했다면 어땠을까요? 두려움에 기회를 잡지 못했다면 아마 지금의 제 모습은 없을 거예요.

이렇게 저는 대학생활 일찍이 유튜브를 시작했는데, 그러다 보니 제가 도전하는 과정을 많은 사람들이 알게 되고 그 결과를 모두가 지켜보게 되었습니다. 저를 구독하는 몇십만 명의 사람들뿐만 아니라 그들의 지인들, 그리고 기사와 SNS 등 여러 매체를 통해서도 이런 제 이야기를 알 수 있었으니, 20대 초반의 대학생에게는 부담스러운 일일 수도 있었어요. 하지만 지금 생각해 보면 부담을 느끼기보다는 늘 신이 났던 것 같습니다. 왜냐하면 저는 제가 '인간'이라고 생각했지, 당연히 '신'이라고 생각하지 않았거든요. 뜬금없이 이게 무슨 말이냐고요?

여러분은 인간과 신의 다른 점이 무엇이라고 생각하나요? 여기에 대해서는 여러 가지 철학적인 논의들이 있지만, 저는 '완전함'이 아닐까 생각합니다. 우리가 생각하는 신은 완전한 선(善)의 결정체이거나 완전한 진리를 깨닫고 있는 존재 등입니다. 하지만 인간은 그렇지 않아요. 부족함이 있고 결여된 것들이 있습니다. 오히려 부족하고 못난 부분들이 있기에 이를 채워가고 극복해 나가는 기쁨을 알 수 있어요. 그것이 비로소 인간을 생명력 있고 특별한 존재로 만드는 힘이라고 생각합니다.

그렇기에 저는 늘 제가 실패할 수도 있다고 생각했어요. 그리고 그건 부끄러운 일이 아니라 완벽하지 않은 '인간'이라면 필연적인 일이라고 생각했습니다. 실패 때문에 도전이 두려웠던 적은 단 한 번도 없었습니다. 실패했다고 비난받을 이유도 없다고 생각했어요. 누군가 실패했다는 이유로 나를 비난한다면 그 사람은 나를 신으로 생각했던 것 아닐까요? 고맙다고 얘기해 주고 돌아서면 그만이랍니다.

또 실패라는 건 역설적으로 도전한 자만 얻을 수 있는 훈장이라고 생각합니다. 실패를 하면 낙인이 찍힌다고 생각하지 말고, 훈장을 얻는다고 생각하고 마음을 가볍게 먹는 건 어떨까요? 물론 그 훈장이 너무 많으면 속이 쓰리겠죠. 실패를 할 수도 있다고 생각하고 도전을 진정으로 즐기되, 많은 경험을 토대로 실패를 줄여나가야 합니다. 가장 좋은 방법은 경험을 통해 '배운 점'들을 명확하게 기억하고 절대로 같은 실수를 반복하지 않기 위해 노력하는 것입니다.

이를 위한 좋은 습관은 '나만의 명언집 만들기'입니다. 제가 어릴 때부터 갖고 있던 습관인데, 즐거운 순간은 사진이나 영상으로 남길 수 있지만 그 순간 했던 생각은 생생하게 기억하기가 어려워서 일기처럼 짧게 메모했던 것이 시작이었습니다. 저는 큰 프로젝트를 할 때뿐만 아니라 일상 속에서도 크고 작은 경험들을 통해 느낀 점을 간결하게 정리해 놓고 가끔 꺼내봅니다.

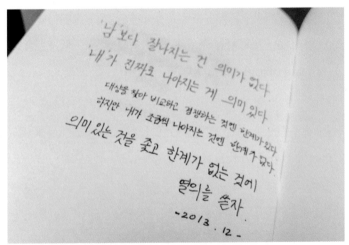

▶ 스무 살에 적은 일기의 일부 ◀

▶ 다른 일기가 궁금하다면 영상으로 만나보세요! ◀

　과거의 나는 어떤 생각을 했고 지금의 나는 그때의 생각을 통해 더 발전했는지 들여다보곤 합니다. 혹시 그때의 마음을 잊고 살지는 않았는지 반성하다 보면 조금씩 나의 부족한 점들이 채워지고 같은 실수를 반복하지 않게 됩니다. 이렇게 나의 작은 빈틈부터 채워가는 연습을 하면 자신감이 생겨, 실패를 줄이고 성공을 향한 지름길로 나아갈 수 있습니다.

꿈을 꾸는 사람은
동화를 만날 거예요

마음은 튼튼하게 준비했으니 본격적으로 무엇에 도전할지 생각해 봐야겠죠? 정작 마음은 준비되었는데 무엇을 해야 할지 감이 잡히지 않는 분들도 있을 것 같아요. 제가 강연 끝에 갖는 Q&A 시간이나 구독자분들과 이야기를 나눌 때에 많은 분들이 털어놓는 이야기가 있습니다.

> 무엇을 해야 할지 모르겠어요.
> 아직 좋아하는 게 없어요.
> 꿈이 없어요.

"꿈이 뭐예요?" 한 번씩은 꼭 들어봤을 질문이지만, 정작 "꿈이 뭐라고 생각하나요?"라는 질문은 생소합니다. '꿈'의 의미가 모호하다면 꿈이 무엇이냐는 질문에 뭐라고 답할 수 있을까요?

여러분은 꿈을 무엇이라고 생각하나요?

꿈이 무엇이냐는 질문에 대부분의 사람들이 특정 직업을 이야기합니다. 어린 아이들도 마찬가지죠. "대통령이요!", "선생님이요!", "연예인이요!" 그러면 꿈은 직업일까요? 이것도 분명하게 그렇다고 대답하기 어려울 것입니다.

저는 이에 대한 답을 2020년에 진행했던 전시회 프로젝트 〈청춘 페이지〉를 기획하며 찾았습니다. 앞선 파트에서 경험담과 함께 소개했던 프로젝트인데, 제 유튜브 채널을 통해 청년 뮤즈 3인을 선발해 그들의 이야기를 30팀의 청년 작가들이 각자가 영감을 받은 대로 표현하는 전시회였습니다. 뮤즈 선발 과정에서 10대 후반부터 30대까지의 다양한 청년들이 진솔한 자신의 이야기와 고민들을 보내주었고, 공통적으로 나온 키워드가 '꿈', '정체성', '관계'였어요. 저는 이 세 가지 키워드로 전시 내의 모든 작품을 연결하는 하나의 이야기를 만들기로 했습니다. 그렇게 하면 이 시대를 살아가는 청년들의 생생한 고민을 예술로 함께 나누고 힐링하는 전시회가 될 수 있을 테니까요.

기획팀 사람들과 며칠을 이야기 나누며, 세 가지 키워드에 대한 답을 찾아보고자 했습니다. 하루는 밤새 '꿈은 무엇일까?'에 대한 이야기를 나누었고, 모두가 공감할 만한 '꿈의 본질'에 다가갈 수 있었습니다.

사회는 우리에게 꿈을 하나의 '상태'로 제시하라고 합니다.

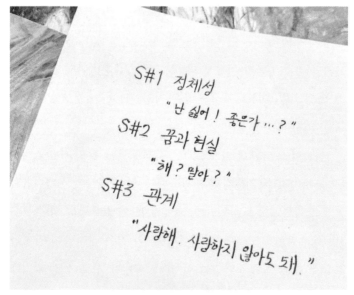

▶ 전시를 기획하며 메모한 내용 ◀

그래서 꿈이 무엇이냐는 질문에 당연하게 직업을 얘기하죠. 하지만 그 직업을 갖게 되면 이후에는 어떻게 해야 할까요? 또 바라던 직업을 가졌지만 생각했던 모습과 다르다면 그건 꿈을 이룬 걸까요? 이건 마치 대학만을 목표로 공부해 온 학생들이 막상 대학에 오니 생각했던 것과 달라서, 더이상 무엇을 해야 할지 몰라 방황하는 것과 같습니다.

그렇기에 저는 직업을 정해야만 꿈을 갖고 있다 말할 수 있다고 생각하지 않습니다. 꿈은 꼭 특정 직업이 아니더라도, 내가 바라는 이상향이나 내가 되고 싶은 모습 그 자체일 수 있다고 생각

▶ 꿈이 뭘까요? 밤새 나눈 그날 밤의 생생한 이야기! 영상으로 확인해 보세요. ◀

해요. 이상향이 꼭 거대하고 거창하지 않더라도 괜찮습니다. '내가 바라는 것'이라면 무엇이든 꿈이 될 수 있습니다.

사소한 것도 내가 바라는 것이라면 꿈이라고 말할 수 있다.

꿈을 얘기해 보라고 하면 아무것도 생각나지 않는 사람들도, 갖고 싶은 것이나 되고 싶은 모습이 있냐고 물어보면 마음속에 바라는 것 하나쯤은 얘기할 수 있습니다. 여러분도 마음속 소리에 귀를 기울여 보세요. 내가 어떤 모습의 사람이길 바라나요? 너무 거창한 모습이라 현실감이 없나요? 아니면 너무 별 볼일 없는 것이라 자신 있게 말하기 어렵나요? 무엇이든 괜찮습니다. 지금 떠오른 것을 여러분의 꿈이라고 말할 수 있고, 이제는 '그 꿈을 이루어가는 것'이 더 중요해요.

누군가는 "드라마에 나오는 인물처럼 환자에게 위안을 주는 의사가 되고 싶어."라고 할 수도 있고, 누군가는 "나는 단란한 가정을 꾸리고 행복하게 살고 싶어."라고 생각할 수도 있어요. 세상에는 수십억 명의 사람들이 있고 모두 각자의 삶을 살고 있습니다. 어떻게 이 모든 사람들이 같은 꿈을 꾸며 살 수 있을까요? 모두가 다른 꿈을 꾸고 각자의 삶을 살아가고 있는 것이죠. 무엇을 원하든 그건 여러분만의 삶이고 여러분이 가꿔나갈 인생이에요.

저는 전시회를 꾸리며 '점들이 모여 선이 된다'는 말에서 영화와 삶의 공통점을 찾아냈습니다. 프레임 여러 장이 모여 영상이 되고 영화의 타임라인이 되듯이, 내가 매 순간 찍어가고 있는 점

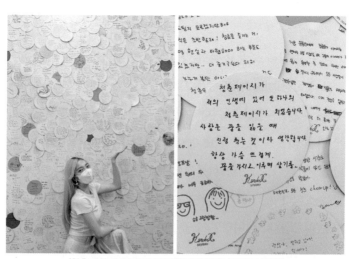

▶ 〈청춘 페이지〉 마지막 전시에서 관객들이 남기고 간 '점'들 ◀

들이 모여 인생의 타임라인이 되는 것 아닐까요? 조금 삐뚤빼뚤한 점을 찍더라도, 선으로 보이는 수많은 점들 사이에서 점의 모양은 중요하지 않습니다. 내가 '찍었다'는 행위가 중요한 것이죠. 우리의 삶에서 꿈을 이루어나가는 것도 마찬가지입니다. 도전을 두려워하지 마세요. 그저 점 하나를 찍는 것이고, 시간이 지나 돌이켜보면 도전이 남긴 무수한 점들이 어느덧 나를 이루고 있을테니까요.

꿈은 어떤 고정된 모습이 아니라 그 순간을 그리며 나아가는 과정 자체가 아닐까요? 그러니 두려워 말고 자신 있게 여러분만의 속도로 여러분만의 꿈을 그려가세요.

"

사회는 우리에게 꿈을
하나의 상태로 제시하라고 하지만,
사실 꿈은 내가 바라는
어떤 '점'으로 가기 위해 찍어가는
모든 점들을 의미한다고 생각해요.

"

-킴닥스 〈청춘 페이지〉 전시 중-

출품하면 수상하는
공모전 필승법

대학생활 중에 도전하기 좋은 것 중 하나가 바로 '공모전'입니다. 공모전 수상은 커리어가 될 수 있을 뿐만 아니라 상금을 비롯한 여러 혜택을 받을 수 있습니다. 수상하지 못하더라도 공모전을 준비하면서 배우는 것들이 많기 때문에 적극적으로 도전해 보면 좋겠어요! 또 이렇게 다양한 경험이 쌓이면 이후에는 좀 더 큰 규모의 대회에 내 작품을 출품해 볼 수도 있겠죠? 내가 꿈꾸는 분야와 관련된 대회에는 더욱 적극적으로 임하는 자세가 여러분을 더 빠르게 성장시키는 원동력이 될 거예요.

저도 대학생활 동안 다양한 종류의 공모전과 영상제, 영화제 등에 부지런히 도전하며 수상하고 성장했습니다. 고등학교를 졸업하고 대학에 입학하기 전 방학 동안에도 다양한 공모전에 도전해서 수상 경력을 쌓고 학비도 마련했어요. 대학에 입학하기 전부터 영상 제작에 뜻이 있었기 때문에, 입학하기 전 몇 달 동안 지상파 방송사에서 주최한 영상제, 요식업 기업에서 주최한 영상제 등 여러 대회에 부지런히 출품하고 수상했습니다.

이후 대학에 입학한 후에는 영상이 아니더라도 디자인 공모전이나 글, 창업, 캐릭터 공모전 등 다양한 공모전에 도전했고, 본격적으로 유튜버 활동을 시작하면서는 바빠진 탓에 꼭 나가고 싶은 대회들만 골라 나갔습니다. 주로 영상 관련 대회였고 학교에 다니면서 준비할 수 있는 것들 위주로 선택했습니다.

저는 특히 '29초영화제'에 꾸준히 출품했어요. 짧은 시간 안에 내가 전하고자 하는 메시지를 담는 것은 사실 긴 영상을 제작하는 것만큼 어려운 일이기도 하지만, 기획부터 편집까지 혼자서도 충분히 진행할 수 있기에 학교생활과 병행하며 커리어를 쌓을 수 있는 좋은 기회라고 생각했습니다. 그래서 '29초영화제'의 원조 격이라고 할 수 있는 유명한 대회 하나를 골라 작품을 출품했습니다. 나름의 노하우를 담아 영상을 제작했고, 좋은 결과를 얻을 수 있었어요. 그리고 2년 뒤, '29초국제영화제'에도 출품했고 2년 전보다 더 큰 상을 받을 수 있었습니다.

검색창에 '공모전 사이트'를 검색하면 다양한 공모전 정보를 한 번에 모아 볼 수 있는 사이트들을 찾을 수 있어요. 저도 대학 생활 중에 이런 사이트들을 자주 확인하면서 도전해 볼 공모전을 찾았습니다. 공모전에 따라 준비하는 방법이나 신경 써야 할 포인트가 모두 다른데, 공통적으로 수상 확률을 높일 수 있는 전략이 있습니다.

출품하면 수상하는 킴닥스의 공모전 노하우
❶ 주제에 대한 자신의 생각을 한 줄로 정리할 것
❷ 처음에 떠오른 생각은 버려라. 한 발 더 나아가 생각할 것
❸ 주최한 기관과 대회의 취지를 이해할 것
❹ 나만의 개성을 담을 것

첫 번째, 주제에 대해서 나의 생각을 명확히 정리하는 과정이 필요합니다. 아주 기본적인 과정인데 놓치는 분들이 많습니다. 대회에서 제시한 주제에 대해 떠오르는 것들을 종이에 마구 적어 정리하고, 이를 나만의 한 문장으로 정리해 보세요.

이때 두 번째 노하우가 무척 중요합니다. 처음 떠오른 것, 즉 누구나 떠올릴 수 있는 생각은 버리세요. 그것보다 한 단계 더 나아가서 생각해야 합니다.

이렇게 주제에 대한 나의 생각을 정리했다면 세 번째는 주최한 기관과 대회의 취지에 대해 생각해 봐야 합니다. 결국은 심사위원이 가장 좋은 작품을 뽑기 때문에 그들이 어떤 점을 눈여겨볼지 고민해 보는 과정은 반드시 필요해요. 대회의 취지나 주제와 벗어난 작품은 아무리 잘 만들었더라도 좋은 점수를 받을 수가 없습니다.

▶ 공모전 필승법과 작품 제작기, 생생한 시상식 현장을 영상으로 만나보세요! ◀

KIMDAX
YOUTUBE

　　대학을 졸업하고 방송 영상 공모전 등 여러 공공기관이나 기업에서 주최하는 대회의 심사위원을 맡고는 했는데, 출품작의 우열을 가릴 때 작품성이 비슷하다면, 당락을 결정짓는 것은 '대회의 취지에 얼마나 부합하는가'였습니다. 참가자가 이런 점을 잘 이해하고 작품을 만들었다는 게 보이면 저를 포함한 심사위원분들이 만장일치로 좋은 점수를 주었습니다. 만약 사기업이 주최하는 대회라면 그 기업이 추구해 온 가치나 슬로건 등을 기획에 녹여 보여주는 것이 수상 가능성을 높이는 노하우입니다.

　　여기까지 잘 반영해서 출품작을 만든다면 분명 좋은 결과를 받을 수 있을 거예요. 하지만 기왕 수상을 한다면 더 큰 상을 받으면 좋겠죠? 이를 결정 짓는 것이 작품의 퀄리티와 '나만의 개성'입니다. 비슷한 기법이나 비슷한 문체, 비슷한 아이디어가 아니라 나만 갖고 있는 특색이 잘 드러나는 기획을 해보세요. 이 단계에서 '나만이 보여줄 수 있는 내 개성이 뭘까?' 고민하다 보면 수상 여부와 상관없이 실력이 크게 성장하는 것을 느낄 수 있을 것입니다.

창작으로 시작해
창업으로 이어지는 길

매해 청년 창업에 대한 관심은 꾸준히 늘고 있습니다. 대학생활 중에 직접 창업에 뛰어드는 사람들도 있고 졸업 후 창업을 위해 차근차근 준비해 가는 사람들도 있습니다. 저도 대학 졸업을 앞두고 하고 있던 일을 체계화하기 위한 회사를 설립했습니다. 다양한 사람들과 다양한 일들을 하며 지금까지 회사를 운영해 오고 있어요. 제가 사업체를 만들고 운영해 오면서 느낀 점들에 대해 가감 없이 이야기해 드릴게요.

❶ 대학생활 중 창업의 장단점

대학생활 중 창업에 도전하는 것은 장단점이 무척 뚜렷합니다. 첫 번째 장점은 사업 실패에 대한 리스크가 적다는 것입니다. 보통 휴학을 하고 창업에 도전하는 경우라면 처음부터 대규모 자본으로 시작하지 않아요. 설립자의 나이가 어리기 때문에 회사가 잘 되지 않더라도 리스크가 크지 않습니다. 두 번째 장점은 각 대학교에서 재학생의 창업을 장려하면서 지원해 주는 정책이 있다는 점입니다. 창업에 관심이 있는 분들이라면 대학교의 지원 사업을 적극적으로 활용해 도전해 보는 것을 추천합니다.

반대로 단점은 학업에 대한 리스크가 있다는 점과 사업이 성공하기 쉽지 않다는 점입니다. 사업을 안정적인 궤도로 끌어올린다는 것은 굉장히 많은 노력과 시간을 들여야 하기 때문에 절대 쉽지 않습니다. 휴학을 하고 창업을 했다가 학교로 돌아오지 못하거나 오직 졸업을 위해 성적은 포기하고 수업을 듣는 경우도 있습니다. 창업을 할 때에는 대학 성적이 중요하지 않지만, 만약 더 이상 사업을 운영할 생각이 없고 취직을 하고자 한다면 이땐 나쁜 성적이 발목을 잡을지도 모릅니다. 그럼에도 대학생활 중에 하는 도전은 무척 매력적이고 창업의 성공 여부와 상관없이 그 과정에서 배우는 것들이 많기 때문에, 이런 단점을 잘 숙지한 뒤 신중하게 창업에 도전해 보는 것을 추천합니다.

❷ 안일한 생각으로 창업하지 말 것

언제 창업을 시작하든 가장 중요한 것은 절대 안일한 생각으로 창업하지 말라는 것입니다. 남들이 하는 걸 보니 좋아 보여서, 직장에 들어가기 싫어서 정도의 마음이라면 사업을 시작해도 잘 될 수가 없습니다. 확실한 비전과 계획, 아이템을 갖고 준비된 상태에서 사업을 시작해야 합니다. 꼭 필요한 인력과 공간, 그 공간을 유지하는 비용 등 세세한 비용들을 모두 따져 보세요. 그러면 한 달에 최소한 얼마 이상의 매출을 올려야 적자가 나지 않는지 알 수 있습니다. 초반에는 적자가 나더라도, 계획대로 일을 진행했을 때 흑자를 만들 수 있다는 확실한 판단이 설 때 창업을 해야 합니다. 만약 그 확신이 들지 않는다면 창업을 해도 얼마 못 가 아무 성과 없이 사업을 접어야 할지도 모릅니다.

확신이 들지 않더라도 꼭 도전해 보고 싶은 마음이 든다면, 지금 내가 구상한 사업에 어떤 문제가 있는지 꼼꼼히 확인해 보세요. 문제를 적극적으로 보완하면서 안정적으로 수익을 창출할 비즈니스 구조를 만드는 데에 힘쓴다면 실패할 확률이 훨씬 줄어들 수 있습니다.

❸ 창업을 계획한다면 대학생활 동안 미리 준비할 것

대학생활 동안 차근차근 창업을 준비하고, 대학을 졸업한 뒤 본격적인 사업을 시작한다면 정부에서 지원하는 다양한 청년 창업 지원 사업을 적극 활용하는 것이 좋습니다. 정부에서 운영하는 'K-startup' 사이트에서는 매년 연초와 분기별로 기업들을 위한 각종 지원 사업을 공개하고 있어요. 공고를 잘 확인하고 내게 필요한 지원 사업을 선택해 지원하면 초기 창업을 위한 지원금부터 사무실, 사업 운영금 등 실질적인 도움을 받을 수 있습니다.

❹ 내 자본은 아끼되, 필요할 때엔 과감히 투자할 것

20대에 사업을 한다면 위에 설명한 것처럼 대학교를 비롯해 정부, 공공기관 등에서 청년 창업을 지원하는 다양한 지원 사업들의 도움을 받을 수 있습니다. 그렇기 때문에 부지런히 정보를 찾아 비용을 아낄 수 있는 부분들은 최대한 아끼세요. 투자를 받을 수 있는 기회도 적극적으로 모색해 보는 것이 좋습니다. 그리고 나서 지원받기 어려운 부분에는 내 자본을 쓰는 것도 필요합니다. 지원받는 비용 외에 자기 자본을 절대 쓰지 않으려고 하는 창업자들도 많이 봤는데, 이는 새로운 기회를 놓치는 일이 될 수도 있습니다. 이런 이유로 창업은 아무 자본 없이 시작할 수 없습니다. 그렇다고 수천만 원이 필요한 것은 아니니 안심하세요. 사업 계획을 철저하게 세우고 알뜰하게 예산 계획을 짠다면 큰 자본이 없더라도 창업을 시작할 수 있으니까요.

❺ 일을 배우고 창업을 했을 때 성공할 확률이 높다

대학생활 중에 창업을 했을 때 성공하기가 어려운 점이 바로 이 때문입니다. 이제 막 고등학교를 졸업한 학생이니 일머리가 있을 리 만무하죠. 일을 어떻게 처리해야 하는지, 비즈니스 메일을 어떻게 보내야 하는지, 세금계산서는 어떻게 처리해야 하는지, 자료는 어떻게 정리해야 하는지 아무것도 모른다면 사업은 성공할 수가 없을 것입니다. 진정 창업에 큰 뜻이 있다면 관련된

▶ 사무실 마련부터 프로젝트 성사까지!
6개월 간의 열정 넘치는 창업기를 만나보세요. ◀

회사에 취직해서 일하는 방식과 업계 분위기를 배우는 것을 추천합니다. 취직 준비가 싫다고 창업을 하려는 건 망하는 지름길이라는 말입니다.

창업에서 가장 좋은 것은 '내가 오래 할 수 있는 일을 하는 것'입니다. 창업 아이템이 내 꿈과 목표와 일맥상통할 때 만족도가 가장 높고 사업체를 오래 유지할 수 있어요. 그래서 저도 제 일에 대한 만족도가 높고요. 진지하게 창업에 대한 꿈이 있다면, 1년 정도 유지하다 그만둘 회사를 만들지 말고 여러분과 오래 함께할 회사를 만들면 좋겠습니다.

여행, 새로운 세계로 나를 던지는 모험

대학생활의 로망 중 하나인 여행. 어딘가로 훌쩍 떠나보는 모험은 여러분이 대학생활 중 꼭 경험해 보았으면 하는 것 중 하나입니다. 저도 대학을 다니며 다양한 지역을 여행했어요. 국내뿐만 아니라 일본, 중국, 유럽, 호주 등 다양했습니다.

스무 살에는 시간도 경비도 넉넉지 않아 부산, 전주 등 국내 여러 명소들을 찾아 여행했고, 본격적으로 일을 시작한 스물두 살쯤부터는 여러 글로벌 브랜드에서 해외 행사에 초청을 받아 다양한 나라를 여행할 수 있었습니다. 이렇게 브랜드 초청으로 해외에 나가면 여행하는 나라의 '가장 좋은 모든 것들'을 경험해 볼 수 있어요. 브랜드에서 준비해 주는 비행기의 비즈니스나 퍼스트 클래스 좌석으로 편하게 여행을 떠나고, 도심에서 가장 좋은 호텔, 가장 좋은 음식과 전통 문화 코스 등을 즐길 수 있었습니다. 좋아하는 해외 스타들도 만나는 꿈만 같은 시간들이었어요.

이런 여행이 익숙해질 즈음, 어느 날 문득 '나는 제대로 여행을 하고 있는 걸까?' 의문이 들었습니다. 그날은 대만에서 열린 글로벌 행사에 참석하는 일정을 소화하고 있었어요. 화려한 호텔과 행사장을 오가며 바쁘게 일정을 보내던 중, '내가 상상했던 대만이 이렇게 화려한 느낌이었나?' 하는 의문이 들었습니다. 골목의 풍경과 야시장의 정취 등, 화려한 여행지 속의 소소하고 일상적인 즐거움을 느끼지 못했다는 생각이 들었습니다. 그래서 일정이 끝난 뒤, 같이 간 일행들과 야시장 곳곳을 자유롭게 누볐습니다. 시간이 늦어 대단한 것들을 하지는 못했지만 대만의 정서를 그대로 담고 있던 야시장을 자유롭게 경험했던 기억은 제게 여전히 강렬하게 남아 있어요.

그후로 저는 초청을 받아 출장을 가게 되더라도 일정이 모두 끝난 후 개인 시간을 가져 그 나라를 더 탐험해 보곤 했습니다. 그 나라의 문화를 더욱 주체적으로 자유롭게 느껴볼수록 여행의 감상이 오래 남는다는 것을 알게 됐거든요. 여러분도 그 나라의 문화를 더욱 가까이서 경험하는 여행을 해보면 좋겠습니다. 화려하고 비싼 호화 여행이 아니더라도 충분히 멋지고 기억에 오래 남는 여행이 될 수 있으니까요.

또 빼먹을 수 없는 여행 경험은 바로 '내일로'를 이용한 국내 여행이에요. 내일로는 코레일에서 구매할 수 있는 기차 티켓으로, 일정 기간 동안 지정된 열차를 자유롭게 이용할 수 있는 패

스권입니다. 적은 경비로 국내 다양한 명소를 여행할 수 있다는 장점이 있어요.

저는 20대 초반에 혼자 내일로 여행을 떠났어요. 글로벌 뷰티 브랜드와 비즈니스 영상을 제작하기 위한 목적이었지만 혼자 국내 여행을 떠나보고픈 마음도 있었습니다. 서울-부산-전주-서울 코스로 여행을 하며 여행지의 모습을 담고 미션을 수행했는데, 그때 본 부산 태종대의 광활한 바다와 한밤중에 도착한 전주 한옥마을의 첫 감상은 저에게 신선한 충격을 주었습니다.

태종대 해안 절벽에 서서 끝없이 펼쳐진 푸른 바다를 보며, 말로 설명하기 어려운 감격스러움을 느꼈어요. 자연의 아름다움과 그 속에 살아가고 있다는 생명력을 몸소 느낀 순간이었습니다. 전주에 도착해서는 시간이 늦어 역에서 한옥마을 안 숙소 앞까지 택시를 타고 갔는데, 택시가 한옥마을로 들어섰던 그 찰나의 순간을 잊을 수가 없습니다. 아무도 없어 조용한 한옥마을 입구로 제가 탄 택시가 마치 물 속에서 유영하듯이 부드럽게 들어서는데, 창 밖으로 펼쳐진 나지막한 한옥들과 길 위를 수놓는 노란 등불 빛, 그 위로 보이는 새파란 밤하늘은 바닷속으로 들어온 것 같은 느낌을 주었습니다. '별천지'라는 말이 딱 떠오르는 순간이었어요. 기차 한 번으로 올 수 있는 곳에도 내가 전혀 몰랐던 세상이 있다는 걸 알게 되자 더 많은 곳을 여행해야겠다는 생각이 들었습니다.

▶ 혼자 떠난 전주 여행! 그날의 감성을 잊을 수 없어요. ◀

　제가 다양한 여행을 하며 느낀 건 여행이 자신감을 선물한다는 점이었습니다. '내가 마음만 먹으면 어디든 갈 수 있어'라는 생각은 살아가며 도전을 받아들이는 태도에도 영향을 주더라고요. 이제 막 대학에 입학한 분들은 가장 먼저 국내 곳곳을 여행해 보면 좋겠습니다. 어렵지 않게 갈 수 있는 곳들에 상상하지 못한 멋진 풍경과 자연, 문화가 있다는 걸 몸소 체험하는 순간 세상을 보는 나의 시선이 훨씬 넓어질 거예요. 그리고 나서 해외로, 완전히 새로운 세상으로 나를 던지는 도전도 꼭 해보길 바랍니다.

견문을 넓힌 다양한
여행 기록을 소개할게요!

휴학이 도전?
잠깐 멈출 수 있는 용기

대학에 입학하면 휴학 제도를 통해 주체적으로 학교를 잠시 쉬겠다고 선택할 수 있습니다. 내 선택에 책임을 질 수 있다면 휴학은 학칙 범위 안에서 비교적 자유롭게 진행할 수 있습니다. 하지만 많은 학생들이 대학에 입학하기까지 쉽지 않고 달려왔다보니 휴학을 두려워하는 경우가 많습니다.

> 남들보다 뒤쳐질 것 같아요.

내가 쉬는 것이 남들보다 뒤쳐지는 일이 될 것 같다는 불안감은 누구나 가질 수 있습니다. 그래서 휴학을 결정하는 것 또한 큰 도전입니다. 달리는 것뿐만 아니라 제대로 멈출 수 있는 것도 큰 용기죠. 단 그 도전을 좀 더 효과적으로 하는 것이 좋겠죠? 휴학을 경험해 본 저의 솔직한 생각을 들려드릴게요.

대학 학업 외에 구체적으로 무언가를 하고 싶다는 마음이 들거나, 해야겠다는 생각이 든다면 과감히 휴학을 해보는 것도 좋습니다. 하지만 '학교 귀찮은데 잠깐 쉴까?' 하는 마음으로 휴학을 하면 졸업할 때 대부분 후회를 하더라고요. 더 나쁜 경우는 아무것도 하지 못하고 방황만 하다 시간을 보낸 본인의 모습에 자괴감을 느껴서 슬럼프나 우울감에 빠지는 경우도 있습니다. 돌이킬 수 없는 선택에 후회를 하며 끝도 없이 괴로워지는 것이죠. 그렇기 때문에 미래의 내가 죄책감을 느끼게 될 가벼운 마음보다는 구체적인 다짐이 들었을 때 휴학에 도전해 보는 것을 추천합니다.

반대로 무언가를 하고 싶은 것이 아니라 나에게 '진정한 쉼'이 필요할 수도 있습니다. 그럴 때야 말로 푹 쉬어주는 것이 삶이라는 장거리 레이스를 뛰고 있는 우리에게 반드시 필요한 일입니다. 또 이렇게 잘 쉬면 새로운 것에 도전할 마음으로 전환이 되거나 새로운 삶의 영감을 얻기도 하죠. 이렇게 푹 쉬기로 결정할 때에도 가장 중요한 것은 결정하기 전의 다짐입니다. '잘 쉬어보겠어!' 하는 강한 다짐이 필요합니다. 내가 쉬는 동안 친구들은 학년이 올라가고 시간은 점점 흐르기 때문에, 심리적인 압박감을 완전히 피해가는 것은 쉽지 않습니다. 그렇기 때문에 '쉬는 것이 나에게 꼭 필요한 일이다'는 확신이 들 때 휴학을 결정하는 것을 추천합니다. 그런 마음이 들어야 미래의 내가 과거의 멈춤에 자책하지 않고 꼭 필요한 시간이었다고 나를 다독여줄 수 있거든요.

저도 대학을 다니며 휴학을 했었고 제 주변 친구들도 여러 가지 이유로 휴학을 경험했습니다. 반대로 휴학 없이 빨리 졸업한 친구들도 있어요. 각각의 장단점이 있습니다.

우선 쉬지 않고 빠르게 대학을 졸업한 친구들은 좀 더 빨리 취업 시장에 들어가거나 자신이 하고 싶은 일을 시작할 수 있습니다. 20대를 대학에서만 보내기 아깝다고 생각하는 친구들은 휴학 없이(일명 스트레이트로) 졸업하는 것도 좋은 방법이에요. 무엇을 해야 할지 모르겠다면 대학을 다니면서 천천히 생각해 보는 방법도 있지만, 어떤 친구들은 오히려 더 빨리 대학을 졸업하고 몇 년을 내가 무얼 하고 싶은지 찾아가는 시간으로 쓰기도 하더라고요. 그런 친구들의 이야기를 들어보면 졸업 후에 바로 취직을 하지 않아서 불안한 마음도 들었지만 쉬지 않고 달려온 나에 대한 보상이라고 생각하면서 마음 편히 자신에게 집중할 수 있었다고 해요.

반대로 휴학을 해본 친구들은 대학을 다니면서 학교 생활 외에 더 많은 것들을 경험해 볼 수 있어서 좋았다고 얘기합니다. 우리가 앞서 함께 세운 여러 가지 계획을 실천하는 데에 방학 기간만으로는 부족할 수도 있거든요. 다만 휴학을 오래 한 친구들이 공통적으로 이야기하는 것이 있는데요. 학교에 돌아왔는데 동기들이 없어 혼자 학교를 다니느라 겉도는 느낌이 들었다든지, 졸업할 즈음이 되니까 나이가 너무 많은 것 같아 괜히 주눅이 들었다든지 이런 부작용(?)은 있을 수 있다는 것을 알아두세요. 하지만 휴학 시기를 잘 보낸다면 이런 것들은 비교도 되지 않을 만큼 값진 것들을 얻을 수 있습니다.

저는 영화를 만들고 싶어 휴학을 결심했습니다. 휴학을 결심하기 전, 한창 학교 생활과 유튜브 활동을 병행하고 있었습니다. 특히 뷰티 유튜버로 왕성하게 활동하던 때였는데 그러다 보니 좀 더 일찍 '영화를 만들고 싶다'는 갈증을 느꼈던 것 같아요. 그리고 어떤 영화를 만들지 고민했습니다. '단편 영화를 만들 것인가?', '만든다면 어떤 스토리를 구상해볼 것인가?'. 그런데 무엇 하나 확 마음을 끄는 것이 없었습니다. 가슴 두근거리며 만들 수 있는 것이 무엇일지 더 고민했고 이런 답을 얻었어요.

새로운 길을 만들려면 새로운 무언가에 도전해야지!

저는 기획 방향을 틀어 완전히 새로운 것을 만들어보자고 결심했습니다. '지금까지 없었던 것'을 만들어서 새로운 의미와 의의를 만들어내자고요. 콘텐츠를 만드는 사람으로서, 20대 초반의 제가 당장 가질 수 있는 '경쟁력'이 무엇일지 고민했습니다.

저는 당시 유튜브를 하고 뉴미디어를 활용해 콘텐츠를 만들며 많은 사람들과 소통하고 있었습니다. 그런 저의 강점을 극대화할 수 있는 트렌디한 콘텐츠를 만들어보자고 결심했어요. 그렇게 구상한 것이 최초의 웹 무비 프로젝트이자 저의 첫 장편 영화인 〈Fairytale in Life - inspired by Disney〉였습니다.

> 당신의 삶 속에 잃어버린 동화를 찾아줄게요.
> - 〈Fairytale in Life - inspired by Disney〉의 메시지 -

영화를 함께 제작할 크루를 유튜브를 통해 공개 모집했고, 당시에는 생소했지만 여러 편의 시리즈물을 모아 한 편의 영화를 만드는 기획을 했습니다. 유튜브에서 바이럴 되기 쉬우면서, 제가 좋아했던 '디즈니'를 모티프로 시나리오를 써내려 가기 시작했어요. 여기에 영화를 유튜브에서 개봉해 보자는 목적으로 다섯 편의 스토리와 영상 속 메이크업과 의상을 담은 다섯 편의 뷰티 콘텐츠, 총 열 편의 영상을 업로드하는 것으로 기획했습니다.

기획이 완성된 후에는 망설임 없이 휴학을 했고 상상했던 것들을 실현시켜 나갔습니다. 디즈니 코리아에 자문을 받았고 한복 업체의 지원을 받아 디즈니 캐릭터들의 의상을 한복으로 재해석한 특별한 의상들을 만들었으며, 오케스트라 크루와 함께 디즈니 노래를 새롭게 편곡하기도 했습니다. 게임 퀘스트를 깨는 기분으

▶ 영화 촬영 현장 일부 ◀

로 하나씩 일을 성사시켜 나가면서 6개월이 넘는 제작 기간 동안 유튜브로 선발한 크루들, 현장 스태프 등 백 명이 넘는 사람들을 이끌었습니다. 힘든 순간도 있었고, 책 한 권 분량이 나올 우여곡절도 많았지만 그만큼 배운 것이 많았고 놀랍게 성장할 수 있었습니다. 모아뒀던 돈도 착실하게 쓰고 여러 업체의 투자를 끌어오면서 영화는 제작까지 무사히 마칠 수 있었습니다.

열 편의 영상을 유튜브로 모두 바이럴한 후 마지막으로 제작한 장편 영화를 가지고 직접 부산에 내려가 영화진흥위원회에서 심의를 신청했습니다. 이후 정식 영화로 인정받으면서 영화 감독으로 데뷔할 수 있었습니다. 그렇게 메가박스 코엑스점에서 300여 명의 관객들을 만나 시사회를 개최했고 수익금은 시사회에 참여한 관객들의 이름으로 보육원 아이들에게 동화책을 선물하는 것으로 환원했습니다.

이듬해 저는 1년 간의 휴학을 마치고 학교로 복학했습니다. 다시 돌아간다고 해도 똑같이 했을 멋진 선택이었다고 생각해요. 학교에서 배우는 것보다 더 많은 것을 배우고 체험해 본 시간이었습니다. 복학하니 학교에서는 본격적으로 유튜브, 넷플릭스 등 온라인 스트리밍 서비스 산업에 대해 배우고 있었거든요. 소중한 시간이 아깝지 않던 경험이었습니다.

이때 제작한 웹 무비가 200만 뷰 이상을 기록하며 국내외로 좋은 반응을 얻자 여러 유명 언론사에서 인터뷰를 진행하기도 했고, 학교에 항상 타고 다니던 버스에 제 인터뷰 영상이 방송되기도 했어요. 이때의 경험은 후에 〈청춘 페이지〉와 같은 프로젝트를 기획하는 데에 큰 영향을 주었습니다. 기존의 미디어를 색다르게 해석하고, 뉴미디어와 융합해 새로운 콘텐츠로 만드는 저만의 장르를 만들 수 있었어요. 저는 이를 '미디어 컨버전스(media convergence) 프로젝트'라고 부르고, 앞으로도 계속 도전해

▶ 7개월간의 프로젝트 이야기와 완성된 영화를 만나보세요! ◀

나갈 분야로 여기고 있습니다. 기존의 틀을 벗어버리는 도전으로 얻어낸 저의 새로운 세상이자 새로운 세계관인 것이죠.

여러분의 도전이 어떤 멋진 결과를 만들어낼지는 아무도 모릅니다. 실패를 하더라도 그것은 훗날 더 성장한 여러분을 만드는 소중한 '점'이 될 거예요. 각자의 꿈을 가꿔나갈 여러분이 삶에서 꼭 동화같은 기적들을 만나고 가슴 뛰며 살아가길 바라요. 그런 여러분의 모습은 틀림 없이 빛날 거예요.

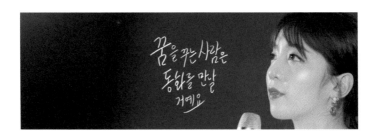

대학 밖의 대학생활 한계를 부수는 다양한 도전

도전해 봤기 때문에 포기할 수도 있는 걸요.
전북대학교 국어교육과 15학번 | 김지민(국어교사)

안녕하세요 저는 국어교육과를 졸업하고 고등학교에서 국어를 가르치고 있는 김지민입니다. 저는 학창시절부터 음악에 관심이 많은 학생이었습니다. 하지만 부모님의 반대로 대학은 음악과 전혀 상관없는 국어교육과에 진학하게 됐어요.

국어교육과에 진학했으니 선생님이 되는 것을 목표로 마음을 다잡고 공부해 보려고 했지만 제가 너무 좋아했던 음악을 포기하는 게 쉽지 않았습니다. 그래서 학원도 다녀보고 오디션도 보면서 가슴에 품었던 꿈을 향해 도전했습니다. 결과는 매번 낙방이었지만요.

좋은 성과를 얻지 못했기에 누군가는 이 시간이 실패이고 시간낭비라고 생각할 수도 있겠지만 저는 후회하지 않습니다. 오히려 그때 도전하지 않았다면 지금까지 많은 후회와 미련이 남았을 것 같거든요. 오히려 도전해봤기 때문에 깔끔히 포기할 수 있었습니다. 좋은 인생 경험을 했고 덕분에 음악은 내 길이 아니란 걸 깨닫고 전공에 매진할 수 있었습니다.

저도 학생일 때는 두려움이 앞섰지만 대학을 졸업한 지금 생각해 보니, 대학시절은 도전하기에 너무 좋은 시기라고 생각해요. 실패하고 방황하더라도 말이죠. 음악을 하기에 20대는 늦은 나이가 아닐까 생각한 적도 있지만 20대는 충분히 젊습니다. '늦었다고 생각할 때가 제일 빠르다'라는 말이 있듯이 오늘의 우리가 제일 젊으니까요. 하고 싶은 일이 있다면 다들 망설이지 말고 도전했으면 좋겠습니다. 관심 있는 분야가 있다면 일단 도전하세요!

조금씩 많은 걸 할 수 있는 우리는 다능인입니다.
수원대학교 커뮤니케이션디자인학과 15학번 | 박희주(떡케이크집 사장)

미대 졸업 후 1인 떡케이크 공방을 운영중인 박희주입니다. 고등학교 시절 사회복지사가 되고 싶었는데 강제로 이과로 진학하는 바람에 힘들었던 적이 있어요. 남들은 꿈을 향해 달려가는데 저는 그렇지 못하다고 느꼈습니다. 남들이 하고 싶은 걸 위해 노력할 때, 저는 할 수 있는 걸 선택했고 결국 경기도권의 미대 디자인과로 입학했습니다.

대학교에 와서 깨달은 사실은 세상에 미술과 디자인을 사랑하는 사람이 참 많다는 거예요. 그래서 저도 어영부영 시키는 공부만 하며 대학생활을 보내기엔 아까워서 '내 꿈을 찾자!'라는 결심을 했습니다. 그 후로 각종 대외활동, 블로그활동, 동아리활동을 경험했습니다.

저는 그 모든 것 중에서 두각을 나타내는 게 단 하나도 없었어요. 이것도 조금, 저것도 조금 할 줄 아는 그런 사람이었죠. 할 수 있는 일을 나열하라고 하면 정말 많이 쓸 수 있어요. 그림도 디자인도 노래도 글쓰기도 만들기도 모두 할 줄 안다고 말할 수 있어요. 하지만 그냥 할 줄 아는 것이지 정작 그 분야의 최고가 될 수는 없었습니다.

그렇게 졸업을 하게 되었고 코로나는 펑 터져버렸죠. 아무것도 남지 않은 저에게는 걱정뿐이었고 결국 공황장애가 찾아왔습니다. 힘든 나날을 보내고 있던 봄, 생일을 맞이한 저에게 친구가 사다 준 책 한 권이 제 생각을 모두 바꿔놓았습니다. 책에서는 이것 조금, 저것 조금 할 줄 아는 사람을 다양한 능력을 가지고 있는 '다능인'으로 표현했어요. "능력을 모두 모아 더 큰 일을 이뤄낼 수 있다."고 하는 문장에 용기를 얻고 이 시기를 기회로 생각하기로 했습니다. 손으로 무언가 만드는 걸 좋아했던 저는 떡케이크를 배웠고, 미대를 졸업한 실력으로 가게 로고와 간판을 디자인하고, 오래 일한 아르바이트의 경험으로 현재 고객들을 응대하고 있습니다. 나를 다능인이라고 생각하니 자존감도 높아져 현재는 직업 만족도 200퍼센트의 소상공인이 되었습니다.

늘 주위 사람들에게 하는 말이 있어요. 내 꿈은 집에서 고기 전용 불판에 고기를 구워 먹으면서 에어컨과 공기청정기를 동시에 틀어놓을 수 있는 사람이 되는 거라고. 지나치게 현실적이죠? 그만큼 내가 먹고 싶은 것, 하고 싶은 것 모든 걸 할 수 있는 돈과 시간을 갖는 것이 제 목표예요. 사람들에게 인정받고, 남들에게 주목받으며 사는 건 제 타입이 아니거든요. 여러분도 더 다양한 경험을 하고 많은 사람을 만나보세요. 나중에 정말 큰 도움이 될 거랍니다.

계속해서 움직이면 반드시 발견할 수 있어요.
중앙대학교 아시아문화학부 18학번 | 김민지(IT스타트업 Product Manager Assistant)

대학 전공과 전혀 다른 길을 걸어가고 있는 김민지입니다. 다양한 경험을 하다 보면 내 가치관의 가닥을 잡는 순간을 만나게 되는데, 제게는 대학교 1학년 겨울방학, 한 달 동안의 교육봉사 캠프가 그 계기였습니다. 캠프 마지막 날 아이들은 "선생님처럼 되고 싶어요!"라며 사랑과 순수함을 가르쳐 주었어요. 그때 제 마음속에 '누군가의 꿈을 그려주고 싶다'는 한 문장을 새겼습니다.

하지만 대학에 갓 입학한 저에게 삶의 동력이 될 만한 꿈은 없었습니다. 고등학생 때부터 방송국에 대한 막연한 동경이 있어서 교내 방송국에 들어갔지만 저와 맞지 않아 그만두었습니다. 하지만 이때 라디오 대본 형식의 에세이를 만들었던 덕에 독립출판 팀 프로젝트에 참여할 수 있었습니다. 그렇게 글을 쓰다 보니 주기적으로 내 글을 발행할 수 있는 신문사에 자연스레 눈을 돌리게 되었고, 교내 신문사에서 좋은 기사를 쓰기 위해 밤을 지새우며 고군분투하는 2년을 보냈습니다. 하지만 반복되는 루틴과 조직의 분위기에 회의감을 느꼈고, 신문사 동기들은 언론사에서 인턴을 한다며 자기 길을 찾아 나가는데 저는 언론사를 목표로 달려왔던 것도 아니었기에 고민에 빠졌습니다.

그렇게 변화에 대한 갈증을 느끼던 중 글로벌 해커톤(Hackathon) 프로젝트에 신청해 덜컥 참여하게 되었고, 2박 3일간 기획, 디자인, 개발을 통해 서비스를 만들어내는 새로운 경험을 했습니다. 각기 다른 강점을 가진 사람들이 모여 서비스를 완성하는 경험에 희열을 느낀 저는 이를 시작으로 웹 개발 동아리, 교내 창업대회 등에 참여하며 6개월 간 총 6개의 서비스를 만들어냈습니다. 그리고 현재는 서비스를 기획하고 프로젝트가 성공적으로 진행될 수 있도록 매니징하는 프로덕트 매니저(PM)를 향한 커리어를 시작하고 있습니다.

꿈이 없었기에, 나의 가치를 증명하고자 '내가 쓸모 있는 조직'을 바삐 찾아다녔습니다. 하지만 긴 방황 끝에 저에게는 하나의 길을 걸어온 사람은 가질 수 없는 특별한 무기가 생겼습니다. 다양한 경험을 했고 진로의 선택 폭이 넓어졌고 무엇보다 '나 자신'을 알게 되었거든요. 내가 무엇을 할 때 행복하고, 무엇을 잘하고, 어떤 사람이 나의 부족한 부분을 채워줄 수 있는지 알게 되며 누구보다 스스로를 잘 알게 되었어요. 그렇게 제 꿈은 '세상을 이롭게 하는 무언가를 만들자'로 귀결되었습니다.

본인이 어디로 가고 있는지 잘 모르겠다면 일주일에 한 번은 나의 생활을 기록하는 시간을 가져보세요. 이번 주에는 어떤 일이 있었고, 어떤 점이 아쉬웠고, 언제 행복했는지 짧게라도 남겨보는 거죠. 별거 아닌 것 같지만 그 기록을 3개월, 6개월, 1년 후에 꺼내보면 내가 어떤 고민을 하고, 어떤 방향으로 나아가고 있는지를 명확히 알 수 있답니다. 오늘 하루에 충실하고 자신을 돌아보는 시간을 가진다면, 그 기록은 분명 나를 알 수 있는 열쇠를 가지고 있을 거예요.

자신만의 SNS를 브랜딩 해보세요.

한양대학교 연극영화학과 16학번 | 남주희(유튜브 크리에이터)

안녕하세요. 공부 유튜브 채널 '구슬쥬Joo'를 운영하고 있는 남주희입니다. 제가 했던 도전 중 가장 의미있던 유튜브 이야기를 해볼게요.

저는 연극전공으로 대학생활을 하다가 지쳐 휴학을 했습니다. 마냥 쉬면 학교에 돌아갔을 때 뒤처질 것만 같아 휴학하는 동안 학교에서 배웠던 '창작하는 과정'을 잊지 않기 위해 도전한 게 바로 유튜브였어요. 유튜브에 영상을 올린다는 건 기획, 촬영, 편집 모든 과정을 혼자서 해야 하는 것이니까요. 그래서 채널이 잘 되든 잘 되지 않든 나만의 포트폴리오가 되지 않을까 하는 가벼운 마음으로 시작했습니다. 하지만 그렇게 꾸준히 하다 보니 저만의 콘텐츠 색깔이 만들어졌고, 제가 잘 할 수 있는 콘텐츠들이 보였어요. 그렇게 지금은 4년차 유튜버가 되었고 유튜브로 인해 다양한 일들을 할 수 있었습니다.

꾸준히 유튜브 콘텐츠를 올리면서 제일 좋았던 건 저의 강점들을 알 수 있었다는 거예요. 제작을 하면서도 '난 어떤 영상을 만들 때 행복하지?' '내가 잘할 수 있는 콘텐츠는 뭘까?' 고민했거든요. 하지만 생각만 해서는 절대 알 수 없어요. 꾸준히 만들다 보니, 만들 때 재밌는 영상, 대중의 반응이 좋은 영상, 내가 잘 만들 수 있는 영상 등 구분이 되었어요. 그렇게 유튜브를 통해 저라는 사람에 대해 알 수 있게 되었습니다.

또 외부적으로도 좋은 기회들이 찾아왔어요. 제 콘텐츠를 토대로 공부법을 담은 플래너도 출간할 수 있었고 강연 및 광고 기회들도 얻게 되었습니다. 이런 재미난 비즈니스들을 하나씩 수행해 낼 때 마다 희열감도 느껴요.

제가 다양한 기회를 얻을 수 있었던 건 결국 SNS로 저를 브랜딩했기 때문이에요. 내신 공부법 하면 '구슬쥬'가 떠오르는 거죠. 그렇게 저만의 분야를 만들었고 제 콘텐츠를 본 여러 관계자 분들이 콜라보 제안을 주고 있어요. 공부에 관련된 광고를 하기 위해 유튜브에 공부 유튜버를 검색하면 제가 뜨고, 제게 연락이 올 기회가 생기는 거죠.

여러분도 여러분의 이야기를 SNS에 올려 누군가에게 알려보세요. 어디서 어떻게 기회가 찾아올지 모르고, 다음 꿈을 위한 발판이 되기도 합니다. 이 책을 보는 분들이 이런 기회들을 꼭 누려봤으면 좋겠어요!

여러분의 역량을 시험해보세요.
부천대학교 실내건축디자인학과 21학번 | 문수진(대학생)

대학 졸업을 향해 막판 스퍼트를 달리고 있는 23살 학생입니다. 졸업을 앞두니 '과연 나는 잘 배워왔을까?', '나의 능력치는 어느 정도 됐을까?' 하는 제 능력에 대한 의구심이 들었습니다. 그래서 졸업을 하기 전 저의 능력을 시험해 보고자 친구들과 2021년 한국실내디자인학회에서 주최한 한 공모전에 참가했습니다.

호기롭게 시작했지만 팀원 모두 공모전이 처음이다 보니 갈피가 잡히지 않아 진행에 속도가 붙지 않았어요. 특히 아이디어를 하나로 모으고 팀원 개개인의 스타일을 하나로 합쳐 가는 과정에서 지치고 답답해 '괜히 공모전 참가했나'하는 생각도 들었습니다.

하지만 더뎌도 팀원들과 꾸준한 회의를 통해 각자 원하는 것을 제시하고 해야 하는 것을 정리해 나갔고 그 결과 작업은 생각한 것보다 좋은 방향으로 흘러갔습니다. 팀원 각자의 능력이 다 다르기 때문에 서로의 단점을 보완해줄 수 있었고 장점은 극대화시키며 최선을 다해 무사히 공모전 출품을 마쳤습니다.

그리고 저희 팀은 공모전에서 입선을 했습니다. 비록 대상이나 최우수상과 같은 엄청난 결과는 아니었지만 저와 팀원들 모두 최선을 다했던 만큼 보람을 느꼈습니다. 특히 저는 이 경험을 통해 제 의견을 조리 있게 내는 법과 많은 의견들을 조합해 최상의 결과를 만들어 내는 방법 등, 팀 작업에 있어 기초가 되는 부분을 배웠고 프로그램을 다루는 실력도 향상되어 자신감을 얻었습니다.

자신의 분야에서 공모전과 같은 교외 대회에 도전해 보는 것을 추천합니다. 본인의 역량을 시험해 볼 수 있는 좋은 기회이거든요. 또 그 과정에서 하나의 뚜렷한 목표를 위해 집중해 노력하다 보니 빠르게 역량을 키울 수 있는 방법이기도 합니다. 무엇이든지 시작과 과정이 어렵고 힘들 수 있지만 그런 부딪힘과 힘듦이 여러분의 성장 가능성을 무한하게 만들 거예요.

낯선 환경에 나를 던져보세요.
계명대학교 문예창작학과 14학번(유아교육과 복수전공) | 안성주(로컬크리에이터)

로컬크리에이터 기업에서 일하고 있는 안성주입니다. 혼자서 해외여행을 다녀온 것은 제 인생의 큰 도전이자 터닝포인트입니다. 당시 여행 유튜버들이 인기를 얻는 무렵이었고, 코스모스 졸업을 앞두고 시간적 여유가 있던 저는 여행에 자연스럽게 관심을 가졌습니다. 처음부터 혼자 해외여행을 가려고 했던 것은 아니었어요. 졸업 후에는 방학이 아니어도 시간이 있을 텐데, 꼭 비행기 값이 오르는 방학에 해외를 가야 할까 고민도 했습니다.

하지만 '일단 비행기 티켓을 끊자. 나중에 같이 갈 사람이 있으면 같이 가고 아니면 혼자 가지 뭐. 기차도 혼자 타는데 비행기를 혼자 못 탈까'라는 생각으로 이상한 자신감이 생겼고 비행기 티켓을 끊어버렸죠. 왕복 19만 원짜리 비행기 티켓이었는데 취소 수수료가 11만 원이었어요. 한 마디로 취소도 할 수 없었고 하필 시간이 되는 친구도 없어 그냥 혼자 비행기를 타고 떠나버렸습니다.

혼자 떠난 여행에서는 스스로도 몰랐던 제 모습을 알게 됐어요. 저는 제가 낯을 가리는 편이라고 생각했는데 혼자 게스트하우스에 묵으면서 서슴없이 사람들에게 말을 걸게 되더라고요. 모르는 말은 번역기를 돌려 가며 대화를 했고, 제가 모르던 저는 그렇게 사귄 외국인 친구들과 낯선 나라에서 밥 한 끼도 함께 먹을 줄 아는 사람이었어요.

또 도전하는 것에 망설이지 않게 되었습니다. 원래는 수없이 고민하다 미루고 결국 포기하거나 못 하게 되는 일이 많았어요. 하지만 망설일 때마다 스스로에게 "혼자 해외여행도 다녀왔는데 못 할 게 뭐야."라는 말을 하게 되더라고요.

이 책을 읽는 친구들에게 국내든 해외든 혼자 여행을 다녀오는 것을 추천하고 싶어요. 익숙한 사람들 사이에서는 절대 알 수 없는 스스로의 또 다른 면을 찾을 수 있거든요. 아직 저도 20대이긴 하지만, 특히 대학생 때는 잃을 게 없다고 생각해요. 저는 지금도 해보고 싶은 게 있으면 언제가 됐든 꼭 해봅니다. 그래서 현재는 제 의지대로 전공과는 전혀 다른 길을 걷고 있고요. 불안한 생각이 든다면, 그냥 '죽으라는 법은 없잖아'라고 생각하고 일단 해보세요!

창업에 실패하더라도 후회는 없을 것 같아요.
충남대학교 환경소재공학과 18학번 | 선현주('담다' 대표)

나무에 가치관을 담는 '담다' 대표 선현주입니다. 대학생활을 하면서 다양한 동아리를 하고 대외활동도 오래 했지만 가장 이야기하고 싶은 도전은 창업입니다.

대학교 3학년, 취업과 대학원 두 갈래 길에서 고민하던 중 학교 선배로부터 창업 멤버 권유를 받았습니다. 전혀 생각해 보지 못했던 분야였지만 나를 필요로 한다는 말에 가슴이 뛰었고 바로 창업 멤버가 되었습니다. 팀원들과 아이템을 개발하고 회의하는 과정이 무척 즐거웠습니다. 스스로 할 수 있는 일이 많았고, 모르는 것을 배워나가는 과정이 보람찼습니다. 저는 좀 더 과감한 도전을 원했고 창업을 해보고 싶었습니다. 그래서 선배와 이야기하여 4학년에 따로 창업 준비를 시작했습니다.

사업자금을 위해 다양한 일에 도전하고, 전문성을 얻기 위해 자격증을 취득하는 과정에서 좋은 멘토들도 만날 수 있었습니다. IT산업이 주목받는 시대에 목재 사업 아이템은 주목을 받지 못해 사업 진행에 어려움이 많았지만, 이를 통해 사회가 필요로 하는 것과 제가 원하는 것 사이의 접점을 찾아 아이템을 발전시킬 수 있었습니다.

처음 창업을 하면 회계, 경영, 마케팅 등 배울 것이 너무나도 많은데 그럼에도 진짜로 배웠다고 느끼는 것은 '슬럼프를 극복하는 법', '위로하는 법', '도움을 요청하는 법' 등입니다. 창업을 하며 아르바이트 세 개와 학업을 병행하다 보니 물리적 한계를 경험하고 좌절감을 겪으면서 난생 처음으로 슬럼프를 겪었습니다. 하지만 겪어봐야 안다고, 덕분에 슬럼프를 겪는 친구들을 진심으로 위로할 수 있게 되었고 다시 슬럼프에 빠진다면 극복할 수 있는 힘도 얻게 되었습니다. 이제 모든 단계가 끝나고 창업만을 앞두고 있는데 설령 사업에 실패한다고 해도 배운 것이 많아 후회하지 않을 것 같습니다.

창업이 아니더라도 큰 비전을 가진 회사에서 꼭 일해보면 좋겠습니다. 다양한 사람들과 부딪히는 과정에서 쌓은 대처 능력, 일을 해결하는 능력 등 배울 수 있는 것들이 많습니다. 본인이 능력이 없어서 단체가 본인을 필요로 하지 않을 것이라고 지레 겁먹는 친구들을 많이 봤습니다. 하지만 대학생은 아직 학생입니다. 여러분은 배우는 단계에 있고, 실수와 실패를 경험해도 괜찮은 시기라고 생각합니다. 지금 실패는 경험이 되어 더 큰 꿈을 꾸고 이뤄낼 능력이 될 것입니다. 두려워하지 말고 꼭 부딪혀 보세요.

또한 주변에는 여러분 생각보다 여러분들을 도와줄 사람들이 많습니다. 원하는 것이 있다면 일단 찾아가서 문을 두드려 보세요. 그 사람이 도울 수 없다면 다른 사람을 연결시켜 줄 것이고, 도와줄 수 있다면 기꺼이 도와줄 것입니다. 모두에게 그랬던 경험이 있을 거니까요. 책상에 앉아 하는 공부는 고등학생 때 충분히 했다고 생각합니다. 대학생은 스스로 하고 싶은 것을 찾고 몸으로 배우는 시기라고 생각합니다.

끝없이 도전하세요.

해외 문화를 경험할 수 있는 제도를 활용해보세요.
숙명여자대학교 영어영문학부 테슬전공 16학번 | 송예은(미국 학교 내 온라인 ESL 업무)

새로운 도전을 멈추지 않는 송예은입니다. 저는 두 가지 대학 제도를 통해 해외에 다녀왔습니다. 첫 번째는 해외봉사단 프로그램으로 미국 내 한인 입양아를 위해 한국문화 수업을 기획하고 영어로 수업하는 3주간의 해외 봉사활동이었습니다. 서류 전형을 거친 후 면접에서 선발된 학생들은 수습기간 동안 한국문화의 각 분야(역사, 코리아 투데이, 포크테일, 댄스앤뮤직, 한글)를 맡아 수업을 기획, 발표, 시연하고 피드백 받는 평가 과정을 거쳤습니다. 이후 저는 수습 기간의 성실성, 발표 점수 등을 합산해 최종 선발되었고 여름방학 3주간 미국의 한인입양아 캠프에서 교육봉사를 했습니다.

두 번째는 '테슬 전공 국제교류 프로그램'입니다. 다니던 대학과 자매결연을 맺은 하와이의 한 대학을 견학하고 ESL(English as a second language의 약자로 영어권 국가의 학교에서 영어를 모국어로 쓰지 않는 외국인들을 가르치는 영어교육 과정) 수업을 참관하는 학부 내 프로그램입니다. 전공과 관련한 활동경력과 프로그램을 통해 탐구하고 싶은 것들을 자기소개서에 기술해 프로그램에 참여할 수 있었습니다.

이런 해외봉사단 경험을 통해 저는 미국문화를 더 잘 이해할 수 있었고 영어 실력을 향상시킬 필요를 느꼈습니다. 또 한국문화 수업을 진행하면서 학생들과의 소통이 무척 즐거웠고, 열심히 준비한 보람을 느껴 교육자로서의 꿈을 더 키우게 되었습니다. 특히 한국에서는 다소 생소한 ESL이 현장에서 어떻게 교육되는지 수업을 참관하고 직접 경험하면서 ESL 교육자로서의 꿈 역시 커졌습니다. 그래서 현재 미국 학교에서 ESL 교육 관련 업무를 하고 있습니다.

저는 대학생활 중에 이런 프로그램에 꼭 참가해보는 것을 추천합니다. 코로나로 인해 해외활동에 제약이 많은 지금이지만, 기회가 생긴다면 주저하지 말고 꼭 참여해 보길 바랍니다. 나중에 전공이나 진로를 변경하게 되더라도, 전공과 무관한 경험이라도, 다른 나라의 문화를 체험하고 사람을 만나는 일은 그 어떤 경험보다도 귀하고 중요한 터닝포인트이자 자산이 될 거예요.

나의 NEXT를 위해 건강한 쉼표를 찍을 수도 있어야 해요.
경희대학교 영어영문학과 | 문○진(영어 학습 코칭)

날씨를 즐기며 산책하는 걸 가장 즐기는 고양이 집사입니다. 이전에는 하나를 해도 스트레스를 받고 치열하게 지냈던 것 같은데, 요즘은 어떻게 하면 뭐든 즐겁게 할 수 있을까 고민하게 되었어요.

저는 고등학교까지 쉼없이 달려왔고 이후엔 대학 입시가 뜻대로 풀리지 않아 재수를 했습니다. 재수를 하고 입학을 하니 남들보다 1년이 늦어졌다는 생각이 저를 지배했습니다. 그런 강박에 그 시기를 제대로 즐기지 못했어요. 신입생 개강날, 수업 OT 듣고 바로 학교 도서관에 가서 공부한 학생은 저밖에 없을 거예요.

단 한 달도 쉬지 않고 알바, 과외, 학업에 매진하며 지내다가 학과 교수님과의 상담 프로그램으로 1시간 동안 상담을 하게 되었습니다. 그때 교수님께서 물어보셨어요. "너는 무엇을 좋아하니? 어떤 걸 할 때 즐거운, 어떤 사람인 것 같니?" 어려운 질문은 아닌데 아무 대답도 할 수 없었습니다. 저는 스스로에 대해 아무것도 모르고 있었어요. 그 답을 천천히 찾아보고자 대학 4학년 때 처음으로 휴학을 했습니다.

휴학을 하면서는 조금 여유롭게 평소에 접하지 못했던 분야를 공부했고, 충분한 휴식도 취했어요. 대외활동으로 글로벌 기업의 해외 본사에도 가보고, 마케팅 인턴으로도 재직했습니다. 겁이 많은 편이라 주저하기도 했지만 지나고 보니 도 전해 보는 것 자체가 의미 있었습니다. 도전이 실패하더라도 그 과정에서 배우는 점이 무척 많았거든요.

휴학을 하지 말아야 할 이유는 없다고 감히 말하고 싶습니다. 선택에 대한 책임 을 질 수 있다는 선에서 말이죠! 휴학하는 동안 아무것도 하지 않고 쉬기만 했더 라도, 다음에 무언가를 할 원동력을 얻었다면 무척 의미있는 일이에요. 잠깐 쉬어 간다는 것 또한 긍정적으로 바라보고, 많은 일들에 후회 없이 도전했으면 좋겠어 요!

킴닥스의 대학생활백서

06
PART

현실 감각 200%
미래를 준비하는
스펙 쌓기

취업 준비 시작! 성공률을 높이는 3 STEP
취업에 성공하는 자기소개서와 면접 준비
돈은 어떻게 모아야 할까?
돈을 끌어당기는 가치관, 돈으로 살 수 없는 것들
구독자 STORY

"
"그때 이걸 알고 있었더라면…!"
이번 파트는 대학을 졸업한 분들이라면
무릎을 탁! 칠 만한 내용들이 아닐까 싶습니다.
현실적인 취업 준비와 돈 모으는 방법 등
미리 준비할수록 더욱 빛을 발하는
내용들을 엄선해서 담았어요.
꼼꼼히 정독하고 실천해 본다면
어느 순간 마음 속
불안함과 초조함은 멀리 사라지고
자신감이 꽉꽉 채워져 있을 거예요!
"

취업 준비 시작!
성공률을 높이는 3 STEP

인생은 넘어야 하는 관문의 연속인 것 같습니다. 초등학교에 입학해 고등학교까지 무려 12년 동안 차근차근 단계별로 공부하며 대학 입시라는 큰 시험을 치렀습니다. 이제 모든 게 해결되고 잘 풀릴 줄만 알았는데 이게 웬걸. 대학을 졸업할 즈음이 되니 이런 고민이 듭니다.

나 이제 뭐 하면서 살지…?

누구보다 열심히 살던 친구들도 이 고민을 피해 갈 수는 없더라고요. 하지만 이 책을 읽고 있는 여러분, 걱정 마세요! 여러분이 대학 졸업할 즈음에 이런 허무함을 느끼지 않길 바라며 대학생활을 열심히 하는 방법과 즐기는 방법, 그리고 목표를 설정하고 준비하는 방법까지 꼼꼼히 공유해드린 거니까요. 이번에는 대학에 다니며 취업을 준비하는 방법을 차근차근 알아볼게요.

❶ 회사 위시 리스트(Wish List) 만들기

앞에서는 대학생활 로드맵을 그리고 꿈의 의미와 함께 큰 목표를 설정하는 방법에 대해 알아보았습니다. 이번에는 나의 큰 목표를 위해 '취업'이라는 구체적이고 세분화된 목표를 설정해 볼 거예요.

우선 종이에 나의 큰 목표를 적어보세요. 저는 '한국을 세계에 심는 영상제작자'라는 목표를 적어볼게요. 그러면 제가 원하는 분야는 영상콘텐츠, 미디어 계통이 되겠죠? 그리고 해당하는 계통의 회사들을 적어봅니다.

> 1. 이루고자 하는 꿈(목표)을 적고,
>
> 2. 그 꿈이 해당된 분야의 회사들을 적어보기

처음에는 본인이 알고 있는 회사를 모두 적고, 그 다음에는 인터넷을 검색해 또 어떤 회사들이 있는지 찾아보세요. 회사 홈페이지에서 제공하는 정보뿐만 아니라 근무 후기를 올리는 커뮤니티도 확인해 보면서 가고 싶은 회사를 추려줍니다. 규모가 큰 회사, 시장 점유율이 높은 회사, 연봉이 높은 회사 등 본인의 기준에 따라 선호하는 회사들을 선택하고, 가능성이 보인다고 판단되는 스타트업과 중소기업도 두세 곳 포함해 회사 '위시 리스트'를 만들어줍니다.

이런 내용들을 확인하며 나만의 목표 회사 리스트를 만드는 것과, 무작정 대기업에 가고 싶다는 생각을 하는 것은 하늘과 땅 차이입니다. 후자는 인생에서도, 취업 시장에서도 나의 경쟁력을 깎아 먹는 생각입니다. 어떤 기업을 가고 싶든지 명확한 이유와 목적이 있어야 취업에 유리할 뿐더러, 취업 후에도 길을 잃지 않고 일에 만족도를 느끼며 성장할 수 있습니다.

❷ 지원에 필요한 자격 조건 체크하기

이제 대학 입시를 준비했던 것처럼 각 회사가 추구하는 인재상, 지원 자격 요건을 꼼꼼히 확인합니다. 기본적인 지원 자격뿐만 아니라 세부 지원 자격, 우대 사항이 있다면 체크하세요. 기본적인 지원 자격은 말 그대로 기본으로 갖추고, 추가로 우대 사항 항목까지 준비해야 합니다. 그래야 취업 성공률이 더 높아지겠죠?

또 내가 지원하려고 하는 직종에 따라 시험을 준비해야 하는 경우도 있어요. 대학 전공 성적뿐만 아니라, 직무 수행과 연결되는 언어, 수리, 추리, 공간지각 등의 기초 지능 검사와 업무 대처 능력 등을 검사하는 직무적성검사를 보기도 합니다. 회사에 따라

고유의 직무적성검사를 만들어 평가하는 경우도 있기 때문에 내가 지원하는 회사의 자격 조건을 꼼꼼하게 체크하는 것이 중요합니다.

〈한국을 세계에 심는 영상제작자&〉

OO 회사 - OO자격증 가산점, 직무적성검사, 학점
△△ 컴패니 - 국제대회 수상경력 가산점&, 인적성 X
OOO 스튜디오 - 인적성검사, 포트폴리오 100%
⋮

❸ 세부 계획 세우기

이제 위에서 대략적으로 적은 리스트의 내용들을 어떻게 준비할지, 구체적인 계획을 세워봅니다. 가장 좋은 것은 학기 중에 부지런히 계획을 세우고, 방학을 이용해 실행하는 거예요. 방학 동안 아르바이트나 대외활동, 인턴십 등으로 실무 경험을 쌓을 수도 있고 필요한 자격증이 있다면 공부할 수도 있습니다.

처음부터 구체적인 계획을 짜기엔 어려우니, 쉽게 계획을 세워볼 수 있는 표를 준비했어요. 뒷 장의 표를 아주 간단하게라도 함께 채워볼게요. 본인이 완성한 취업 리스트에서 준비가 필요한 것들을 적절한 시기의 빈칸에 넣어주세요. 그러면 준비해야 할 것들이 대학생활 내에 충분히 할 수 있는 것들인지, 빠듯한지 파악할 수 있습니다. 빠듯하다 해도 절대 좌절하지 마세요. 졸업하고 당장 취업을 준비해야 할 때에 알게 되었다면 더 끔찍했을 거에요. 만약 준비할 것들이 너무 많은 경우에는 이를 위해 휴학을 계획할 수도 있고, 졸업 후 취업 준비 기간을 조금 더 갖는다고 생각하면 됩니다.

대학에 입학하며 대학 졸업 후의 진로까지 생각하는 친구들이 생각보다 많지 않답니다. 왜냐하면 당장은 먼 얘기인 것 같거든요. 물론 여유로운 마음으로 대학생활을 충분히 즐기는 것도 중요하지만, 적어도 머릿속으로 '이런 것들을 미리 준비해야겠다' 정도의 생각을 해본 것과 해보지 않은 것의 차이는 무척 크답니다. 그러니 지금 이 책을 통해 저와 취업 준비 과정을 훑고 이야기를 나누어 본 것만으로도 분명 큰 첫 걸음을 뗀 거예요. 불안해하거나 조급해하지 말고, 천천히 꼼꼼하게 준비한다면 분명히 좋은 결과 있을 거라 믿어 의심치 않습니다.

아래 표를 채우고 Part1에서 작성했던 대학생활 전체 계획표를 참고하면 몇 년간의 대학생활 동안 어떤 것들을 준비해야 할지 대략적인 감을 잡을 수 있어요!

나의 목표

회사명	인재상	자격요건

자격 요건에 채운 내용 중 준비가 필요한 것들을 아래 칸에 분배해 보세요!

	1학기	여름방학	2학기	겨울방학
1학년				
2학년				
3학년				
4학년				

취업에 성공하는 자기소개서와 면접 준비

어떤 직장에서 일을 하고 싶은지 구체적인 목표를 정하고 열심히 준비했다면 이제 도전할 일만 남았습니다. 본격적인 자기소개서와 면접을 준비할 차례인데요. 이 책을 읽는 여러분이 가고자 하는 회사의 분야, 인재상, 규모 등이 모두 다르지만 모든 회사에서 공통적으로 중요하게 여기는 부분들이 있습니다. 지금부터는 자기소개서와 면접에서 좋은 평가를 받을 수 있는 팁들을 알려드리겠습니다. 자기소개서 작성과 면접 보기의 기본기만 탄탄해도 어떤 평가도 두렵지 않을 거예요!

눈길을 끄는 자기소개서 쓰는 법

자기소개서와 면접에서 좋은 평가를 얻을 수 있는 방법은 '내가 이렇게 멋진 사람입니다!' 하고 보여주기 위해 애쓰는 것보다 '내가 어떤 사람이면 뽑고 싶을까?'에 대한 고민을 먼저 하는 것이에요. 그 다음에 그에 맞는 나의 장점을 어필해야 합니다.

❶ 첫 문장 임팩트!
: 호기심을 일으키면서 나머지 모든 문장과도 연결될 것

내가 면접관이고 수많은 지원자들의 자기소개서를 읽어야 한다면 어떤 자기소개서에 좋은 점수를 줄까요? 내용이 너무 많거나 두루뭉술하고 중구난방이라면 면접관의 기억에 남을 수 없겠죠. 저도 대학입시부터 장학금 대상자 선발, 회사에 제출하는 자기소개서 등 다양한 자기소개서를 작성해 봤는데 공통적으로 가장 중요하게 생각했던 부분이 바로 '첫 문장'입니다. 만남에서 첫인상이 무척 중요하듯, 면접관은 자기소개서의 첫 문장을 통해 지원자를 만납니다. 그렇기 때문에 첫 문장에서 어떤 임팩트를 주는지가 무척 중요한 것이죠. 그렇다고 질문과 상관없는 문장을 쓰거나 현학적인 문장을 사용해서는 안 됩니다. 제가 생각하는 가장 좋은 첫 문장은 면접관들의 호기심을 일으키면서 나머지 글의 내용과도 관련이 있는 문장입니다.

❷ 상투적인 문장이지만 꼭 써야겠다면?
: 두괄식으로 임팩트를 주고 기억에 남는 비유를 활용할 것

좋은 첫 문장을 사용해 글의 포문을 연다면 훨씬 좋은 자기소개

서가 될 수 있습니다. 같은 맥락으로 자기소개서계의 금기 문장이 있죠. "저는 자상하신 아버지와 인자하신 어머니 밑에서 자라…" 여러분은 이 문장으로 시작하는 자기소개서를 끝까지 읽고 싶은가요? 하지만 만약에 이 이야기를 굳이 꼭 써야 한다면 이렇게 쓰는 것은 어떨까요?

저는 ○○회사 A부서에 따뜻한 온돌이 될 수 있는 사람입니다. 인자하신 부모님의 가르침 덕분에 어릴 적부터 여러 관계에서 발생하는 문제들을 원만하게 해결해왔고, 이런 역량 덕분에 대학 시절 B활동에서 리더 역할을 맡아 프로젝트를 성공적으로 끝냈습니다. 저는 다양한 의견을 조율하고 합을 맞춰야 할 상황에서 함께하는 팀원들의 마음을 살피며 최상의 결과를 이끌어낼 수 있습니다. 이런 제 역량을 발휘해 A부서 팀원들의 따뜻한 동료이자, 훈훈한 분위기를 만드는 온돌 같은 사람이 되겠습니다.

앞서 보여드린 금기 문장도 이렇게 풀어낼 수 있습니다. 위 글에서는 첫 문장이 나머지 모든 글과 연결되고 동시에 호기심도 유발합니다. 이 글에서의 첫 문장은 지원자의 핵심 역량이 면접관의 기억에 남도록 어필하는 문장이기 때문에 무척 중요합니다.

처음부터 이런 글을 쓰기는 어려우니 우선 하고 싶은 말을 다 적어보세요. 앞서 보여드린 금기 문장처럼 상투적인 표현이 있다면 '이 말은 왜 필요한가?' 생각해 보세요. 위 같은 경우에는 '자상하신 아버지와 인자하신 어머니 밑에서 자란 것'을 통해 내가 무엇을 얻었고 무엇을 강조하고 싶은지를 생각해야 합니다. 가정환경이 나의 어떤 역량에 좋은 영향을 주었다는 점을 강조하고 싶다면, 위 글처럼 명료하게 앞에 꺼내놓으면 좋습니다. 내 역량을 만들어준 가정환경에 대한 구구절절한 묘사는 '인자하신 부모님의 가르침 덕분에'로 간결하게 줄일 수 있어요.

비유를 사용한다면 낯설고 새로운 것보다는 듣고 의미를 바로 연상시킬 수 있는 표현이 좋습니다. 대부분 자기소개서의 글자 수가 정해져 있기 때문에 비유에 대한 설명으로 너무 많은 글자를 사용하지 않아야 합니다. 위 예시의 경우에는 '온돌'이라는 비유를 사용했어요. '따뜻한 온돌'은 무척 상투적인 표현이지만, 모두가 알고 있는 친숙한 단어이자 한국인이라면 한 번쯤 경험해본 것이기 때문에 '따뜻함', '온기' 등이 연상되어 기억에 오래 남을 수 있다는 장점이 있습니다.

❸ 설득력 있는 자소서 쓰기
: 추상적인 단어는 최소화하고 근거는 사례로 제시할 것

또 한 가지 중요한 점은 추상적인 단어를 최소화하고 사례를 사용해 주장의 설득력을 높이는 것입니다. 나의 역량을 어필할 때 '나는 성실하다'고 말하는 것보다 내가 성실하다는 걸 알 수 있는

사례를 제시하는 것이 좋습니다. 마찬가지로 위 예시에서는 원만하게 문제를 해결하는 역량을 강조하기 위해 대학 활동 경험을 제시했습니다. 이를 통해 지원하는 회사에 자신의 역량이 왜 필요한지 어필하는 것까지 나아갔습니다.

저는 자기소개서를 쓸 때 한 질문 당 하나 이상의 사례를 사용합니다. 다양한 경험을 통해 나의 역량을 자연스럽게 제시하고, 이 역량을 어떻게 활용할 수 있는지 어필하는 것으로 반복되는 구조를 만듭니다. 그리고 그 안에서 필요 없는 말을 정리하면서 문장을 간결하게 만듭니다.

④ 간결한 문장 만들기
: 없어도 충분히 이해할 수 있다면 말을 줄일 것

긴 글을 쓰고 나면 내가 쓴 문장이 아까워서 지우지 못할 때도 있습니다. 하지만 좋은 자기소개서를 위해서라면 과감하게 지워버릴 줄도 알아야 합니다. 어떤 문장이 없어도 글을 이해하는 데에 전혀 문제가 없다면 모두 지워주세요. 간결하고 핵심적인 말로 구성된 자기소개서만큼 평가에서 강력한 힘을 발휘하는 무기가 없으니까요.

저는 자기소개서를 쓸 때 '만약 면접관이 졸고 있었다면 이 글을 읽고 잠이 깨게 해주겠어!'라는 당돌한 마음가짐으로 씁니다. 이렇게 해야 수많은 지원자들의 이야기 속에서 기억에 남는 글을 쓸 수 있습니다. 제가 지원했던 대학 전형은 대학교 전체를 통틀어 30명 이내의 학생을 선발하는 전형이었는데, 이때도 자기소개서와 포트폴리오를 제출하고 면접을 통과해야 했습니다. 저도 그 당시 지금까지 알려드린 노하우를 활용해 자기소개서를 썼고 합격 통지를 받을 수 있었습니다.

저의 첫 문장은 "저는 '한국을 세계에 심는 영상제작자'를 꿈꾸고 있습니다."였습니다. 그 뒤에 어린 시절 〈포켓몬스터〉를 보고 콘텐츠가 문화를 전파하는 힘이 있다는 것을 알게 된 이야기, 그 후에 영화 〈아바타〉를 보며 꿈을 키운 이야기, 고등학생 때 글로벌 대회에서 한국 대표로 출전하며 꿈에 확신을 갖고 해당 학과에 진학하겠다는 목표를 갖게 된 이야기까지 풀어냈죠. 다양한 사례를 통해 진실성과 열정을 보여주는 자기소개서였다고 생각합니다.

> 저는 '한국을 세계에 심는 영상제작자'를 꿈꾸고 있습니다.

더욱 구체적인 자기소개서 작성 방법은 영상을 통해 확인해볼까요? 고등학생 친구들을 위해 대학 입학 자기소개서를 준비하는 방법을 정리한 영상인데, 취업 자기소개서 및 다양한 목적의 자기소개서에 응용할 수 있는 내용들이 많습니다. 좀 더 구체적인 에피소드와 팁들을 알고 싶다면 영상을 참고해 주세요!

▶ 합격률을 높이는 자기소개서 쓰는 비결, 영상으로 만나보세요! ◀

합격의 지름길로 가는 면접 준비

●

대학 면접부터 동아리 면접, 공모전 면접과 회사 면접, 사업 지원 면접까지. 그동안 다양한 면접을 준비하면서 항상 공통적으로 신경 쓰는 것들이 있어요. 여러분이 어떤 면접을 준비하든 유용하게 활용할 수 있는 팁들을 알려드릴게요.

❶ 정답은 내 자기소개서에 있다

: 면접 전 내 서류를 공부할 것

많은 분들이 면접을 대비하기 위해서 시사 이슈 등 관련 지식을 공부하는 것에는 열심이지만 의외로 자신이 준비한 서류를 꼼꼼히 살피지 않는 경우가 있습니다. 하지만 준비한 자기소개서, 포트폴리오 등 제출한 서류를 완벽하게 숙지하고 있지 않으면 절대 좋은 평가를 받을 수가 없습니다. 면접에서는 면접관들이 서류 내용 중 궁금한 것을 질문하기도 하고, 진정성을 확인하기 위한 의도된 질문을 하기도 합니다. 이때 지원자가 제대로 된 답변을 하지 못한다면 제출한 서류가 아무리 좋은 평가를 받았더라도 내용의 진위 여부를 의심받을 수밖에 없겠죠. 그렇기 때문에 내가 제출한 서류를 꼼꼼히 살펴서 예상 질문을 체크해 보는 과정이 필요합니다.

내가 어떤 활동 경험을 적었다면 적어도 그 활동에 대해 간략하게 설명할 수 있어야 하고 이를 통해 배운 점에 대해서도 일목요연하게 얘기할 수 있어야 합니다. 저는 제가 서류에 적어낸 모든 활동 경험, 읽은 책, 본 영화 등에 대해 예상 답변을 준비했습니다. 이 답변은 최대 1분이 넘어가지 않게 준비했어요. 아무리 직접 쓴 서류라고 해도 말로 정리해서 뱉어보지 않으면 입에 익지 않아 횡설수설하고 버벅거릴 수밖에 없어요. 면접에서 이런 모습을 보이지 않도록 완벽하게 준비해야 합니다.

❷ 면접도 대화다
: 호감을 얻고 싶은 사람과 대화한다고 생각할 것

대부분의 사람들이 면접에서 긴장을 합니다. 당연한 일이죠. 하지만 그 긴장감을 조금 덜어낼 수 있는 방법이 있습니다. 면접관을 나를 냉철하게 평가하는 로봇쯤으로 생각할 게 아니라 '나와 대화하는 사람'으로 생각하는 것입니다. 컴퓨터는 완벽한 값을 입력하지 않으면 내가 원하는 결과를 얻을 수 없지만 사람 사이의 일은 다릅니다. 내가 질문에 대답을 하며 말을 조금 버벅거린다고 해서 점수를 깎지는 않습니다. 물론 버벅거리는 것이 면접 전체에 영향을 준다면 또 모르지만요. 그러니 준비는 열심히 하되, 긴장을 조금 풀고 면접에 임하는 자세가 필요합니다.

저는 모든 면접을 면접관과 대화를 한다고 생각하며 임했습니다. 대화를 한다고 생각하면 면접관의 질문을 차분히 듣게 되니 긴장해서 질문을 자르고 대답을 하는 실수 같은 건 하지 않게 됩니다. 질문에 대한 대답을 할 때에도 외워서 말하는 것 같은 딱딱한 답변을 하지 않고 말하듯이 자연스럽게 이야기합니다. 설령 그것이 외워온 내용이라고 하더라도요. 대화를 한다고 생각하면 내가 외워온 내용을 처음부터 끝까지 완벽하게 구사하지 못하더라도 괜찮습니다. 상황에 따라서, 면접관의 반응과 분위기에 따라서 어떤 문장은 강조하고 어떤 문장은 생략할 수도 있습니다. 여유가 생기는 것이죠.

면접관을 내가 평가받아야 하는 '두려운 존재'로 생각할 것이 아니라, 내가 주어진 시간 동안 최대한 '호감을 살 존재'로 생각하는 태도가 필요합니다. 이런 마음가짐을 가지면 면접관을 경계하지 않고 자연스럽고 호의적이며 부드러운 태도로 면접에 임할 수 있습니다. 그러면 당연히 면접관은 지원자에게 호감을 가질 수밖에 없겠죠.

❸ 면접관은 나보다 많이 알아서 내 앞에 앉아 있는 사람이다
: 반박을 당한다고 발끈하지 말 것

많은 분들이 면접에서 간과하는 가장 중요한 한 가지. 면접관이 나의 말에 반박을 하거나 의문을 제기하면 이걸 설득해야 한다는 강박에 사로잡혀 발끈한다는 것입니다. 이는 면접관들이 압박 면접을 펼칠 때 주로 사용하는 방법이기도 합니다. 평소에 누군가에게 져본 적이 없거나 지는 것을 용납하지 못하는 사람이라면 이 과정에서 바로 탈락의 고배를 마실 수밖에 없습니다. 여기서 사람의 인성이 드러나기도 하거든요. 하지만 앞서 이야기했듯이 우리가 잊지 말아야 할 것은 면접은 면접관에게 호감을 사는 과정이라는 사실입니다. 내 말을 반박한다고 바로 평정심을 잃어버리면 절대 좋은 인상을 남길 수 없겠죠? 이러한 상황에서는 차분하고 진실성 있는 대처가 필요한데요. 실제 저의 면접 에피소드를 들려드릴게요.

제가 대학을 졸업할 때쯤, 회사를 운영하면서 회사 운영과 관련한 지원을 받기 위해 서류 및 면접 평가를 치른 적이 있었습니다. 면접 평가는 준비해 온 내용으로 면접관들 앞에서 10분 정도 발표를 하고 이 내용으로 바로 압박 면접을 보는 형태였습니다. 준비한 내용을 신랄하게 비판당할 수 있는 구조인 것이죠.

저는 PPT를 제작해 열심히 준비했고 면접 당일 대기실에서 제 차례를 기다리고 있었습니다. 그때 저보다 먼저 면접을 치른 사람이 대기실로 들어와 짐을 챙기면서 울먹이며 회사 동료와 통화를 하더군요. 씩씩대며 이야기를 하는데 면접관들이 너무 어려운 질문을 했고, 어떤 면접관은 자신과 눈도 마주치지 않고 발표도 듣는 둥 마는 둥 하여 너무 속이 상했다는 이야기였습니다. 그 사람은 조용히 통화한다고 했겠지만 대기실에 있던 사람들은 모두 사색이 되었습니다. 그리고 몇 분 후 제 차례가 되었습니다.

문을 열고 들어가 밝게 인사를 하고 단상 앞에 서서 준비해 온 PPT를 켰습니다. 빠르게 내용을 설명하는데 면접관들의 날카로운 눈빛에 저도 긴장이 되더라고요. 작은 공간 안에 네다섯 명의 전문가가 저를 둘러싸고 계속 무언가를 적고 있었습니다. 그래도 차분히 발표를 마치고 바로 압박 면접이 시작되었습니다. 면접관들과 대화를 한다고 생각하니 긴장이 조금 덜어져 여유롭게 답변을 하고 있는데, 맨 끝에서 계속 서류만 보고 있던 면접관이 갑자기 손을 들어 제 답변을 지적했습니다. 그때 순간적으로 '앞선 지원자가 이야기 한 면접관이 이 분일 수도 있겠다'는 생각을 했습니다. 가장 무섭고 나에게 관심이 없어 보이는 면접관이 지적을 하거나 신랄한 비판을 한다면 모 아니면 도입니다. 내가 그만큼 매력적인 지원자이거나 아니면 진짜 마음에 안 들거나. 당연히 전자여야겠죠? 저는 부디 전자이길 바라는 마음으로 우선 그 분의 말을 경청했습니다.

지적한 내용을 요약하면 제가 그동안 만들어온 가치로 더 많은 이득을 취할 수 있는 구조의 다른 사업을 하는 것이 어떻겠냐는 의견이었습니다. 어떻게 보면 제가 10분 동안 발표한 내용을 완전히 무의미하게 만들어버리는 공격으로 받아들일 수도 있는 질문이었습니다. 순간 조용해진 분위기에 당황했지만 이렇게 생각했습니다.

> 이 분은 나보다 많이 알고,
> 나보다 이 분야의 전문가이기 때문에 여기에 앉아 있다.

이렇게 생각하니 그 면접관의 질문은 달리 보면 조언이라고 생각할 수도 있겠더라고요. 사업을 오래 하신 분이고, 사업의 여러 목표 중 하나가 이익을 추구하는 것이니 다른 가능성을 제시한 것이라고 생각했습니다. 하지만 여기서 그냥 "그렇네요."라고 대답하면 면접에서 좋은 평가를 받을 수 없겠죠? 저는 면접관이 이런 질문을 한 이유에 대해 생각하며 '대화'를 하기로 결심하고 입을 열었습니다.

"그 부분은 제가 미처 생각하지 못했는데 좋은 지적 감사드립니다. 아무래도 제가 제시하는 방향성이 확실하게 수익을 보장하는 기존 사업 구조들과는 다르다 보니 조언을 해주신 것 같습니다. 다만 저는 사업을 하는 목적에는 여러 가지가 있다고 생각합니다. 사람들에게 편의를 주는 것, 기업을 크게 키워 큰 이익을 추구하는 것 등 다양한데, 저는 제가 하고 싶은 일을 보다 체계적으로 해나가고 싶어서 킴닥스 스튜디오를 만들었습니다. 그리고 제가 하고자 하는 일이 사람들에게 콘텐츠로 영감을 주는 일이기 때문에 제 회사의 가치와 비전이 이런(앞서 발표한 사업소개 내용) 방향에 있다고 생각합니다.

제가 회사를 설립한 첫 목적이 기업을 키워 상장하는 것에 있었다면 말씀하신 내용대로 회사의 방향성을 잡는 것이 투자를 받기도 쉽고 훨씬 빠른 길인 것 같습니다. 근데 제가 아직은 어려서 그런지 (웃음) 아직은 제 마음이 가는 대로 가슴 뛰고 설레는 일을 하고 싶은 마음이 큽니다. 그리고 그게 제가 사업을 그만두지 않고 계속해서 회사를 운영해 나가는 원동력이 될 거라고 생각합니다. 저를 합격시켜 주신다면 조언해 주신 내용 또한 적극 참고해서, 수익을 창출하는 부분을 지금보다 보완해 더 멋진 브랜드를 만들어보겠습니다. 감사합니다. (꾸벅)"

마지막에 꾸벅 인사를 하고 나니 면접관들이 웃기 시작하더라고요. 그리고 저에게 그 질문을 하신 면접관도 미소를 짓더니

한 마디 하셨습니다.

응원하겠습니다.

그렇게 그 질문에 대한 대답을 마지막으로 면접은 예정된 시간을 꽉 채워 끝났고, 저는 합격 소식을 받을 수 있었습니다.

면접관이 나의 답변에 대해 반박하거나 내가 이해할 수 없는 질문을 해도 당황하거나 발끈할 필요 없습니다. 면접관은 내가 지원하는 분야에 대해 적어도 나보다 많이 아는 사람임을 잊지 말아야 합니다. 이 생각을 바탕으로 면접관이 '왜 그런 질문을 했는지' 파악해야 합니다.

저 또한 같은 맥락으로 처음에 면접관의 반론을 인정하고, 그 반론의 이유를 명확히 파악했다는 것을 보여주었습니다. 그리고 나서 차분히 제 생각을 어필했습니다. 내가 맞다는 어조가 아니라, 나의 생각과 가치를 전달하며 그에 따라 지금과 같은 내용의 발표를 했고, 당신의 조언으로 보완할 점을 알게 되었으니 이 부분은 더욱 고민하겠다는 답변을 했습니다. 그리고 여기에 위트를 섞었죠. "제가 아직은 어려서", "저를 합격시켜주신다면"처럼 공격을 어필로 받아칠 수 있는 여유가 있다면 어떤 면접에서도 승산이 있습니다.

❹ 분명한 태도가 매력적이다

: 차분하게 '대화'하면서 모든 면접관과 눈 마주칠 것

저는 대답을 하면서 저에게 질문한 면접관뿐만 아니라 모든 면접관과 천천히 눈을 마주치며 이야기했습니다. 친구들과 다같이 이야기할 때에도 한 사람만 보고 말하지 않잖아요? 눈을 마주치면 상대방을 나에게 집중시킬 수 있습니다. 면접 분위기를 리드할 수 있는 방법이에요. 준비해 온 말을 한 곳만 보고 쏟아내는 지원자보다는 모두와 눈을 마주치며 대화하는 지원자가 훨씬 매력적으로 보인다는 사실을 잊지 마세요.

이렇게 기본적인 면접 태도와 마음가짐을 준비했다면 내가 볼 면접에서 자주 나오는 질문들을 미리 체크하고 준비해야 합니다. '1분 자기 소개'나 '마지막으로 하고 싶은 말', '지원 동기' 등은 필수로 준비해야 하는 것입니다. 회사 면접이라면 해당 회사 업무에 필요한 역량, 또는 제시된 상황에 따른 대처 방법 등 자주 나오는 질문들이 있고 면접에 따라 형태도 다양합니다. 그러니 지원하고자 하는 회사의 면접은 꼭 이전 후기들을 찾아보고 철저하게 준비해야 합니다.

이 내용까지 완벽하게 준비했다면 머릿속으로 계속 시뮬레이션을 돌려보고, 실전처럼 연습을 해보는 것이 중요해요. 혼자 연습할 수도 있지만 주변의 도움을 받아 모의 면접을 진행해 보는

KIMDAX
YOUTUBE

▶ 면접 올킬 방법! 킴닥스의 면접 팁을 영상으로 만나보세요. ◀

것도 큰 도움이 됩니다. 이렇게 면접의 기본기를 탄탄하게 준비하고 자주 나오는 질문과 특화된 질문에 대한 답변까지 준비한 후, 실전 연습까지 해보았다면 면접 준비도 완벽하게 끝납니다. 이제 여러분은 합격 소식만 기다리면 돼요!

돈은 어떻게
모아야 할까?

현실적인 문제에서 빠질 수 없는 게 바로 돈이죠. 대학 입시를 준비하고 있거나 대학을 다니고 있는 제 채널의 구독자분들도 돈 관리와 20대의 경제활동에 대한 질문을 많이 해왔습니다. 그만큼 많은 분들이 하고 있는 현실적인 고민이 아닐까 싶어요.

특히 대학은 다니는 것만으로도 적지 않은 학비를 지출해야 하니 경제적인 부분에서 압박감을 받는 분들도 많을 것 같습니다. 지금부터는 돈에 대해 갖고 있는 제 가치관을 이야기하면서, 대학에 다니면서 할 수 있는 경제활동에 대해서도 알아볼게요. 제가 추천하는 것들과 여러분이 궁금해할 만한 내용들도 담았답니다! 20대의 경제활동에 필요한 체크 리스트부터 준비했습니다.

Check List

○	지출 점검하기
○	주거래 은행 만들기
○	적금과 예금, 주택청약종합저축 가입하기
○	펀드, 주식, 코인 등 투자 상품 공부하기
○	신용 관리하기

❶ 지출 점검하기

나의 목표를 위해서라면 돈도 현명하게 쓰는 것이 좋겠죠? 대학에 다닐 때엔 돈을 많이 버는 것보다 당장 나가는 지출 중에 쓸모없는 부분들을 줄여나가는 것이 더 효과적입니다. 우선 내 지출 중 아낄 수 있는 항목이 있는지 확인해 보세요. 가계부 앱을 사용하거나 수기로 가계부를 작성해 보는 것도 도움이 됩니다. 내가 어떤 것에 가장 많은 돈을 쓰고 있는지, 필요 없는 지출을 하고 있지는 않은지 효과적으로 체크할 수 있습니다.

지출을 줄일 때 한 가지 강조하고 싶은 점은 내게 해가 되는 것들 위주로 줄여야 한다는 것입니다. 나의 미래나 건강을 위한 투자, 좋은 식습관 등에 필요한 돈을 스트레스 받아가며 줄일 필요는 없습니다. 큰 지출이더라도 이것이 미래의 나를 위한 투자라는 확신이 든다면 필요한 지출입니다. 또 거창하지 않더라도 좋은 전시회를 가거나 공연을 보는 것, 오늘 하루 정도 조금 더 맛있는 음식을 먹는 것 등 나의 마음을 다독여주고 좋은 추억을 남길 수 있다면 의미 있는 지출이에요. 이런 지출을 통해 내 소양이 쌓이고 기분이 나아져 더 좋은 능률을 낼 수 있다면 무척 좋은 투자인 것이죠. 그렇기 때문에 이런 지출 때문에 너무 큰 스트레스를 받지 않으면 좋겠어요.

그외에 어느 순간부터 나도 모르게 나의 나쁜 습관으로 자리 잡은 것들을 끊어내는 것이 좋습니다. 자주 많이 마시는 술, 매일 먹는 야식 등 좋지 않은 습관은 지출을 아낄 겸 끊어내는 것이 좋겠죠?

❷ 주거래 은행 만들기

대학 때부터 주로 거래하는 은행을 하나 정해두는 것이 좋습니다. 저는 대학에 입학해 체크카드를 발급하면서 은행 계좌를 만들었고, 그 은행 계좌에서 꾸준히 실적을 쌓고 있어요. 통장으로 급여를 받고 자동이체를 신청해 놓아 정기적인 거래 내역을 만들었고, 꾸준히 다양한 거래 내역을 쌓고 있습니다. 은행마다 각자의 기준으로 거래 내역에 점수를 부여해 등급을 올려주기 때문에 주거래 은행으로 정한 은행의 실적 기준을 미리 체크해 보는 것이 좋아요.

이렇게 실적이 쌓이면 금리 우대를 받기도 좋고 이후 다양한 서비스를 받을 수 있습니다. 은행마다의 혜택과 기준이 달라서 여러 은행에서 높은 등급을 받는 것이 좋겠지만 20대 초중반에는 이렇게 여러 은행에서 실적을 쌓을 만큼의 거래량이 많지 않기 때문에 하나의 은행에 거래 실적을 몰아주는 것이 전략이에요.

❸ 적금과 예금, 주택청약종합저축 만들기

자발적인 의지로 돈을 모으기가 어렵다면 자동이체를 설정한 적금, 예금 통장을 만드는 것도 방법이에요. 매달 저축하는 금액은 내가 너무 궁핍하게 생활하지 않을 선에서 결정하는 것이 현명합니다. 또 이렇게 적금이나 예금을 만들면 은행 실적을 쌓기도 좋답니다.

적금과 예금을 활용하는 방법은 간단해요. 처음에는 적금을 들어 매달 일정 금액을 넣어 목돈을 만듭니다. 그리고 만기일에 목돈을 찾아 예금을 만들어 그 돈을 넣어놓고, 다시 새로운 적금을 들어 돈을 모으는 것이죠. 예금은 목돈을 은행에 맡기는 상품이기 때문에 적금보다 높은 이자 수익을 얻을 수 있습니다. 하지만 처음부터 목돈을 만들 수는 없으니 적금부터 시작해 목돈을 만들고, 이를 예금 통장에 넣어 돈을 불려가는 것이죠. 가장 안전하게 자산을 증식할 수 있는 재테크 기본기 중 하나입니다.

하지만 은행 금리가 높지 않을 때에는 이 방법으로 자산을 불리기 어렵습니다. 그럴 때 찾게 되는 것이 바로 투자 상품이죠.

하지만 투자는 높은 수익을 얻을 수 있는 만큼 내가 열심히 모은 돈을 잃을 수도 있어요. 자산 중 일부를 투자에 활용하더라도 반드시 일부는 안전한 은행 저축 상품에서 불려가야 합니다.

적금과 예금 이야기에 주택청약종합저축이 빠질 수 없죠. 스무 살이 되면 꼭 주택청약종합저축 통장을 만들기 바랍니다. 내집을 마련하는 데에는 여러 가지 방법이 있는데 그 중 하나가 바로 '분양'이에요. 이때 필요한 것이 청약통장입니다. 분양주택의 경우 청약통장이 없으면 분양을 받을 수 없기 때문에 청약통장 개설이 꼭 필요합니다. 분양을 받을 대상자를 선정할 때 점수 순으로 선정하는데, 점수를 받을 수 있는 기준 중 하나가 '청약통장 가입 기간'이에요. 이 통장은 최대한 빨리 만들어서 오래 유지할수록 좋습니다.

❹ 펀드, 주식, 코인 등 투자 상품 알아보기

앞서 설명한 방법으로 목돈을 만들었다면 적극적으로 자산을 증식시켜 보는 것도 좋겠죠? 은행 금리가 낮은 상황에서는 좋은 투자 상품을 찾는 것도 중요한데요. 사실 돈을 잃는 것이 두렵다면 추천하지 않는 방법이에요. 그러니 투자는 반드시 여러분의 재정 상태와 성향에 맞게 신중하게 결정하는 것이 좋습니다.

전통적인 투자 상품에는 은행에서 가입할 수 있는 다양한 펀드 상품과 계좌를 개설해 투자를 할 수 있는 주식이 있습니다.

최근 떠오르고 있는 투자 상품에는 코인, NFT자산 등 새로운 기술과 미래 산업이 접목된 상품들이 있습니다.

저도 대학 시절부터 지금까지 다양한 투자 상품들을 경험하며 자산을 관리하고 있는데, 이 과정에서 느낀 점들을 가감 없이 이야기해 드릴게요.

> 절대로! 남들이 다 하니까 나도 한다는 식으로
> 투자 상품에 접근하지 마세요.

주식을 시작하기 전 주식 시장의 기본적인 원리와 시장 상황에 대해 꼼꼼히 공부했습니다. 투자 상품은 원금을 잃을 수 있고, 특히 주식이나 코인은 원금을 잃는 것 이상으로 마이너스가 되어 빚이 생길 수도 있어요. 그러니 철저하게 준비하고 시장에 뛰어들지 않으면 힘들게 모은 돈을 다 날려버릴 수도 있습니다.

저는 우선 주식 관련 도서로 기본 지식을 정리하고 더 필요한 정보는 온라인으로 찾았습니다. 그리고 주식 전용 계좌를 개설했고, 혹시나 잃게 되어도 울지 않을(중요한 부분입니다.) 돈을 입금해 몇 개 회사의 주식을 샀습니다. 그리고 추이를 지켜보았어요. 어떤 것들은 크게 오르고 어떤 것들은 떨어졌습니다. 오른 것은 왜 올랐는지, 떨어진 것은 왜 떨어졌는지 관련 기사들과 기업의 실적, 전문가들의 평가를 살펴가면서 체크했어요.

이 과정을 몇 번 반복하니 사고 팔 타이밍에 대한 감이 조금 생기더라고요. 그래서 투자하면 좋을 것 같은 회사 몇 개를 관심 종목에 올려두고 한동안 지켜보았습니다. 살 때가 되었다는 판단이 들 때, 그때부터는 목돈으로 투자하기 시작했습니다.

이런 식으로 주식에 접근하니 좋은 점이 있었습니다. 어느 순간부터 경제 관련 기사들이 눈에 들어오기 시작했어요. 세상이 어떻게 돌아가는지 알아야 한다고 억지로 읽어보던 때와는 분명히 달랐습니다. 시장의 관심이 어디로 향하는지, 왜 그런 흐름이 나타나는지 주의 깊게 살피니 안목이 넓어지는 느낌이었어요. 대학시절 공부를 할 때에도 어느 순간 머릿속이 확장되고 성장한다는 느낌을 받은 적이 많은데, 이때도 마찬가지였습니다. 무척 신기한 경험이었어요.

주식 시장은 주말을 제외하고 한 주 동안 전세계의 흐름이 실시간으로 반영되는 곳이에요. 그런 만큼 주식 시장에 관심을 갖는 것은 투자 목적뿐만 아니라 세상의 흐름에 대한 안목을 넓히는 일이 될 수 있습니다. 그래서 처음엔 잃어도 될 만한 돈을 투자해서 주식 시장을 맛보는 것은 좋은 도전인 것 같아요. 성장 가능성이 있는 회사에 투자하고 그 회사의 성장을 지켜보는 것은 흥미로운 일입니다.

또 한 가지 중요하게 체크해야 할 점은 세금이에요. 주식에는 수익에 따른 세금이 있습니다. 국내 주식인지 해외 주식인지, 수

익이 얼마 이상인지에 따라 부과되는 세금이 있고 면제되는 경우도 있어요. 세금을 아깝게 생각하기도 하지만 국가가 세금을 부과하며 시장을 투명하게 관리해야 개인이 시장에서 정책적으로 보호를 받을 수 있습니다. 세금도 성실하게 납부하되, 개인 투자자들을 위해 세금을 절약할 수 있게 보완해주는 ISA 통장 등 금융 상품들이 있으니 꼼꼼하게 확인해 보길 바랍니다.

코인 시장은 처음에는 투자가 아닌 투기의 성향이 짙다고 생각했으나 최근 관련 산업들이 잇따라 성장하면서 눈여겨볼 필요가 있다고 생각했습니다. 하지만 코인 시장은 여전히 변동성이 무척 큽니다. 게다가 장 시간이 정해져 있는 주식 시장과는 다르게 24시간 시장이 열려 있는 데다가 상한가와 하한가 제한이 없습니다. 아침에 투자한 100만원이 오늘 저녁에 200만원이 될 수도 있지만 다음 날에는 원금을 모두 잃고 마이너스까지 될 수도 있는 거죠. 장기적으로 투자를 하겠다는 마음가짐이 아니라 단기간 투자로 이득을 보겠다는 생각이면 24시간 내내 모니터를 들여다보고 있어야 하는 상황이 생기는 것입니다.

이렇게 내가 직접 투자를 하는 것이 어렵고 피곤하다고 느낀다면 은행에서 펀드 상품을 가입하는 방법도 있습니다. 펀드매니저가 직접 관리하는 상품이기 때문에 주식이나 코인보다는 훨씬 안정적인 상품들이 많습니다. 펀드 역시 원금에서 손실이 발생하는 경우가 있기 때문에 원금을 보장하는 저축 상품보다는 이익이 크죠.

투자 상품에 대해서는 특히 더 자세하게 설명했는데요. 그만큼 정확하게 알고 신중하게 결정했으면 좋겠다는 마음입니다. 돈은 생활을 영위하는 데에 무척 중요하지만 돈만을 좇다가는 가장 중요한 시기에 나의 가치를 올리지 못하게 될 수도 있습니다. 지금 당장 투자만으로 100만 원을 벌기는 어렵지만 역량을 개발해 시장에서 내 가치를 높이다 보면 어느새 내게 100만 원은 작은 돈이 될 수도 있습니다. 어떤 것이 중요한지는 더 강조하지 않아도 여러분이 아실 거라 생각합니다.

❺ 신용 관리하기

대학을 졸업한 사람들이 후회하는 것 중 하나. 바로 신용 점수 관리입니다. 신용 점수는 우리가 금융 생활을 하는 데에 있어 가장 기본이 되는 명함같은 존재입니다. 은행에서는 이 신용 점수를 보고 금리를 산정하고 대출 여부를 결정하고 신용카드 발급 여부도 판단합니다. 특히 신용 점수는 단기간에 올리기가 어렵기 때문에 꾸준한 관리가 중요합니다. 신용 점수를 관리할 수 있는 몇 가지 중요한 팁들에 대해 알려드릴게요.

첫 번째는 적은 금액이라도 절대 연체가 되는 상황을 만들지 않을 것! 평소에 지출 관리가 필요한 이유가 바로 이런 것들 때문입니다. 일정 기간 이상 연체가 지속될 경우 신용조회회사에 연체 정보가 넘어가고 신용 점수 하락으로 이어집니다. 이렇게 깎인 점수는 회복이 어려우니 주의해야 합니다. 은행에서 거래 실적도 올리고 연체가 되는 상황도 막을 겸 자동이체를 미리 신청해 두는 것이 좋아요.

두 번째는 공공요금을 성실히 납부하는 것입니다. 통신요금, 도시가스, 수도요금, 국민연금 등, 공공요금을 6개월 이상 성실하게 납부한 실적을 신용조회회사에 제출하면 가점을 받을 수 있습니다. 또한 이 같은 경우 연체되지 않고 납부한 기간이 길수록 가점 폭이 확대될 수 있기 때문에 꾸준히 관리해 주는 것이 좋습니다.

세 번째, 현금서비스와 같은 단기 대출은 최대한 지양하는 것이 좋습니다. 단기 대출을 자주 이용할 경우 신용정보회사는 대출 이용자가 사용할 수 있는 현금이 부족하다고 판단할 수 있고 이는 신용 점수에 악영향을 줄 수 있습니다. 그럼 여기서 궁금한 것! 대부분의 대학생이 받는 장기 대출인 '학자금 대출'은 어떨까요?

한국장학재단에서 시행하고 있는 학자금 대출은 대한민국의 대학생이라면 누구나, 낮은 금리로 국가에서 학자금을 대출할 수 있는 복지 제도입니다. 하지만 이 대출도 어쨌든 돈을 빌리는 것이기 때문에 정해진 일자가 되면 돈을 갚아야 하고 연체 시 연체금이나 신용 점수 하락이 발생할 수 있습니다. 그래서 학자금 대출도 상환 계획을 잘 세우는 것이 중요합니다. 어쩔 수 없는 상황으로 연체가 발생했다면 한국장학재단의 신용회복지원 제도나 신용회복위원회의 여러 지원 제도를 살펴보고 내 상황에 맞는 도움을 받아야 합니다.

돈을 끌어당기는 가치관, 돈으로 살 수 없는 것들

지금부터는 돈을 모으는 것만큼, 또는 그보다 중요할 수 있는 '돈을 잘 쓰는 법'에 대해 이야기해 볼게요. 돈에 대한 제 생각과 여러분이 꼭 마음에 담아주었으면 하는 이야기들입니다.

내가 생각하는 돈, 뭐니?

'부자가 되는 것'은 씁쓸하지만 많은 어린이들의 꿈이기도 하죠. 우리 사회에서는 '돈이 많으면 좋다'는 걸 어릴 때부터 직간접적으로 느끼며 살 수밖에 없습니다. 저 또한 어릴 때 돈을 많이 벌어 부모님을 호강시켜드리고 싶어 했고, 경제적 자유를 얻고 싶다는 생각도 늘 했습니다.

　스무 살, 무엇이든 이룰 수 있을 거라 자신하고 맞이한 세상은 녹록지 않았습니다. 그때 집이 많이 어려웠거든요. 물질적으로 풍족하지 못했던 스무 살의 기억은 여전히 제 마음속에 아련한 무언가로 남아있어요. 꿈을 좇기도 바쁜데 현실에는 해결해야 할 문제가 너무 많았습니다. 마냥 행복하고 아름다운 스무 살을 보내기에는 시간이 부족했고요.

　그리고 그쯤 '흙수저', '금수저'라는 말이 등장했습니다. 많은 사람들이 그 말에 공감하며 웃기도 하고 좌절하기도 했어요. 저도 우리 부모님이 재벌이었으면 어땠을까 하는 생각을 해보기도 했죠. 하지만 의미 없었어요. 이내 이런 생각을 했습니다.

> 왜 사람들은 수저를 물려받을 생각만 할까?
> 내가 부모에게 어떤 수저를 물려 받았든,
> 나는 그 수저를 최상의 것으로 세공해야지.

　부모님이 내게 물려준 것은 돈뿐만 아니라 이 세상에서 살아 움직이는 내 모습 자체도 있으니까요. 돈이 정말 중요한 세상이라 모두가 그걸 잊고 있는 것은 아닐까 생각했습니다. 나의 능력을 계발하고 꿈을 좇아 세상에서 내 가치를 높이면 그건 흔한 금보다 더 값질 거라고 생각했어요. 그렇게 되면 부모님은 내게 어떤 수저를 물려준 사람이 아니라 다이아몬드를 만든 사람이 되는 것이죠.

　모두가 스마트폰 하나로 연결된 현대사회에서는 다양한 사람들의 화려한 모습을 더 가까이서 볼 수 있습니다. 화려한 삶과 이를 영위하게 해주는 돈의 가치가 더 높아보일 수밖에 없는 사회라고 생각해요. 하지만 이 속에서 중심을 잘 잡는 것이 무엇보다 중요합니다.

돈을 첫 번째 가치로 꼽는 사람 수만 명이 모여 세상의 가치가 돈이 최우선이 된다면 어떻게 될까요? 인간다움은 사라지고 '효율성'이라는 미명 하에 잔혹한 일들도 서슴없이 벌어지는, 로봇들이 살아가는 것과 다름없는 세상이 될 것입니다. 돈이면 인간의 생명도 예절도 배려도 사랑도 성도 살 수 있다고 생각할 테니까요.

사회에서 심심치 않게 보이는 갑질 사건도 이런 것이죠. 돈이 자신의 권력이기 때문에 나보다 나이가 많더라도 가난하거나 직급이 낮으면 하대하거나 함부로 할 수 있고, 문제가 생기면 돈으로 보상이 된다고 생각합니다. 이렇게 피해를 받은 사람이 고통을 호소하는 것을 보고, 돈을 더 받으려고 저런다고 쉽게 손가락질하는 사람들도 마찬가지입니다. 인간의 마음보다 돈의 가치가 더 높기 때문에 누군가의 고통에 공감하고 함께 아파할 수 없습니다. 여러분은 이런 사회에 살고 싶나요?

사회 분위기는 그 구성원들이 바꿀 수 있다고 생각합니다. 20대에 성인으로서 가치관을 정립해 가는 우리가 더 나은 가치관을 가질 수 있다면, 세상은 더 좋은 방향으로 빠르게 변할 수 있지 않을까요?

돈은 성공하고자 하는 좋은 원동력이 될 수 있어요.

하지만 절대 목표 그 자체로, 나의 첫 번째 가치로 삼지는 마세요.

미래를 위한 투자, 돈은 따라오는 것이다

돈을 좇으면 돈을 벌기가 힘들지만, 하고 싶은 일을 누구보다 열심히 한다면 돈은 자연스럽게 따라온다고 생각합니다. 후자의 삶이 나의 능력을 쌓으면서 자존감도 높이고 훨씬 행복한 삶이라고 자부할 수 있어요.

돈은 제게 '무언가를 위한 수단'이지 그 이상이지 않았습니다. 그렇기 때문에 경제적으로 어려웠던 시절에도 계속해서 꿈을 그려나갈 수 있었던 것 같아요. 꿈을 이루기 위해 필요한 돈이 있다면 벌면 되는 것이었습니다. 대신 그 돈으로 산 무언가가 숫자 이상의 가치를 갖게 하기 위해 부단히 노력했습니다.

대학 시절 아르바이트로 번 돈을 착실히 모아서 200만 원짜리 카메라를 샀습니다. 손이 떨리긴 했지만 하나도 아깝지 않았습니다. 이 카메라를 200만 원 이상의 가치로 만들 자신이 있었거든요. 그래서 카메라로 부지런히 많은 영상을 만들었습니다. 그 과정 중 한 영상제에서 1위를 해 천만 원의 상금을 받았습니다. 마침 그 내용도 금도끼 은도끼 동화를 패러디한, 내가 물려받은 수저가 금인지 은인지 상관없이 열심히 산다는 것이었네요.

그 후에도 수십 편의 영상을 꾸준히 만들었으며 제 분야에서 저의 가치 또한 높아졌어요. 그러니 자연스럽게 숫자로 환산되는 가치 또한 수십 배가 되더라고요. 결과적으로는 200만 원짜리 카메라 투자로 시작해 수십 배, 수백 배의 가치를 만들어 낸 셈입니다. 숫자 이상의 가치를 만들어내는 것은 결국 나 자신의 몫이라고 생각해요. 마냥 돈을 아끼고 모으는 것에 집중할 것이 아니라 나를 위해 과감하게 투자할 수도 있어야 하고, 그 투자에서 더 큰 가치를 만들어내기 위해 힘쓰면 됩니다.

마음의 풍요로움을 살 수 있는 법, 나눔

세상엔 천억 원을 더 가지려고 싸우는 사람들도 있지만
당장 천 원이 없어서 굶어 죽는 사람들도 있단다.
돈은 가치 있는 곳에 가치 있게 써라.

스무 살, 제가 처음 돈을 벌기 시작했을 때 아버지께서 이런 말씀을 하셨습니다. 저는 고민하다가 기부를 할 수 있는 곳들을 찾아봤습니다. 그리고 몇 개의 비영리단체에 어려운 이웃들을 위한 기부를 시작했습니다. 성인이 되고 스스로의 힘으로 돈을 벌면서 내가 직접 번 돈을 누군가에게 기부하는 것은 처음이었어요. 기부할 곳을 찾으면서 느꼈던 것은 누군가의 삶을 구하고

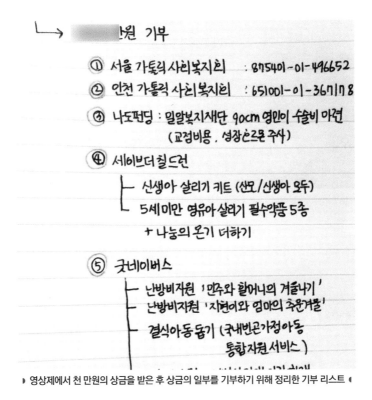

└─→ [   ]나원 기부

① 서울 가톨릭 사회복지회   : 817540-01-496652

② 인천 가톨릭 사회복지회   : 651001-01-367178

③ 나도펀딩 : 밀알복지재단 90cm 영민이 수술비 마련
　　　　　 (교정비용 , 성장호르몬 주사)

④ 세이브더칠드런

├ 신생아 살리기 키트 (산모/신생아 모두)
└ 5세미만 영유아 살리기 필수약품 5종
＋ 나눔의 온기 더하기

⑤ 굿네이버스

├ 난방비지원 '민주와 할머니의 겨울나기'
├ 난방비지원 '지현이와 엄마의 추운겨울'
└ 결식아동돕기 (국내빈곤가정아동
　　　　　　　　 통합자원서비스)

▶ 영상제에서 천 만원의 상금을 받은 후 상금의 일부를 기부하기 위해 정리한 기부 리스트 ◀

바꾸는 데에는 많은 돈이 들지 않는다는 사실이었습니다. 이상하고 슬픈 일이었습니다. 만 원은 이제 커피 두 잔 마실 돈인데, 누군가는 그 만 원으로 추운 겨울을 따뜻하게 보낼 수 있었고, 먼 나라에서는 신생아가 평생 특정 질병에 걸리지 않고 살 수 있게 백신을 맞을 수도 있는 돈이었습니다.

대학을 다니며 다큐멘터리를 제작하는 수업을 들었는데, 그

▶ 제가 보았던 그날의 모습, 직접 제작한 다큐멘터리 영상으로 함께 만나볼까요? ◀

때 저는 비영리단체에서 기부금을 사용하는 방식을 취재한 다큐멘터리를 기획했습니다. 그리고 제가 대학생활 중 홍보대사로 활동한 한 비영리단체에 협조를 요청해 취재를 나갔습니다. 미혼모 시설, 판자촌 등 기부금이 쓰이는 공간들에 직접 가서 취재를 진행했는데, 미디어를 통해 보는 것과 직접 그 공간에서 삶을 들여다보는 것은 너무나도 다른 일이었어요. 도심 속 화려한 거리 반대편에는 여전히 난방이 되지 않고 제대로 누울 수도 없는 작은 공간에 판자로 집을 짓고 사는 사람들이 있었습니다.

이 경험은 제가 타인의 삶과 아픔에 더 관심을 갖게 해준 계기가 되었고 세상에 내가 보는 것만 존재하는 것이 아니라는 사실을 다시금 깨닫는 기회가 되었습니다. 그래서 요즘은 날이 갑자기 추워지거나 비가 많이 오면, 이런 날씨에 대응할 수 없는 사람들이 떠오르곤 합니다. 직접 보지 않았다면 생각할 수 없는 것들이기에 그때의 경험이 무척 소중합니다. 이때 제작한 다큐멘터리로 많은 사람들이 기부에 동참했고 '나눔의 경험'을 통한 마음의 풍요로움을 느낄 수 있었습니다.

저는 대학생활 중에 유튜브를 통해 많은 사람들과 함께 다양한 기부 프로젝트를 진행했습니다. 위안부 피해 할머니를 돕기 위한 재단 설립을 돕기도 하고, 보육원 아이들을 위한 밥상 지원 캠페인이나 저소득층 아이들에게 생리대를 지원하는 캠페인 등, 많은 사람들이 함께 참여할 수 있는 방법으로 더 큰 가치를 만드는 일을 해나가고 있습니다. 개인적으로도 여러 단체에 꾸준히 기부하고 있고요.

여러분도 대학생활 중 이런 나눔이나 봉사활동을 꼭 경험해보면 좋겠습니다. 기왕 살다 가는 세상, 나의 작은 선행이 누군가의 삶에 큰 영향을 줄 수 있다는 건 무척 멋지고 의미 있는 일이지 않나요? 타인과 무언가를 나누는 경험은 여러분의 삶을 완전히 바꿔줄 거예요.

현실 감각 200%
미래를 준비하는 스펙 쌓기

취업 이전에 내면을 바라보는 시간이 꼭 필요해요.
건국대학교 패션디자인과 10학번 | 어지인(회화작가, 전시기획사 재직 중)

낮에는 전시를 기획하고 밤에는 그림을 그리는 어지인입니다. 저는 다양한 박물관 및 미술관의 전시를 기획하는 일을 하고 있고 마음속 내면의 감정을 달 모양의 추상 회화 작품으로 그리고 있어요.

저는 옷이 좋아 대학에 다니며 언제까지나 패션계에서 일할 것이라 생각했어요. 그래서 경력을 쌓아야 한다는 생각에 재학 중에 패션 브랜드에서 인턴 활동을 했습니다. 이 경험을 살려 졸업 작품을 만들었고 한 패션회사의 신진 디자이너 부스에서 제 옷을 사람들에게 선보일 기회가 생겼어요. 정말 재미있어서 제 브랜드를 만들겠다고 생각할 정도였죠. 옷 안감에 유화를 그려 넣는 독특한 디자인을 만들어 판매하기도 했습니다.

하지만 새로운 활동을 거듭할수록 이상과 현실의 괴리를 느꼈어요. 학교에서는 패션을 통해 자아정체성을 찾으라 했지만, 실제로 시장에서 팔리는 것은 스테디셀러 옷들이었거든요. 취업을 위해 MD자격증, 온갖 영어 자격증을 다 딴 상태였지만 이 길로 들어섰을 때 행복하리라는 확신이 없었습니다. 고민한 끝에, 제가 옷을 좋아하는 것이 아니라 '나를 표현하는 것'을 좋아한다는 것을 깨달았습니다. 늘 제 마음속에 있던 것은 '그림'이었어요. 저는 친언니의 웨딩드레스를 만들어주며 패션에 대한 미련을 과감하게 정리하기로 했습니다.

그 후에는 좋아하는 일을 하고 싶어 미술학원에서 근무했습니다. 미술학원에서 만난 학생들에게 체계적인 교육을 해주고 싶다고 생각했고 대학원에 진학해 공부하며 아동발달 단계에 따른 커리큘럼도 만들어 수업했어요. 무척 몰입했던 시기였습니다. 그렇게 미술에 대한 내용을 깊이 공부하며 제가 미술 자체를 좋아한다는 확신이 섰고 본격적인 작가 활동을 결심했습니다. 그 후 미술관의 큐레이터들은 어떤 시각으로 작품을 뽑고 작가를 섭외하는지 궁금해졌습니다. 그래서 강남의 한 미술관에서 큐레이터로 지원해 좀 더 넓은 관점에서 미술을 배웠습니다.

여러 경험을 쌓으며 '제 비전과 맞는 일'을 찾고자 했고, 기회가 없어서 작품을 선보일 수 없는 청년작가들에게 도움이 되는 일을 하고 싶었어요. 그러던 중 우연히 김닥스님을 만났고 유튜브 채널을 구독하던 터라 단박에 알아봤어요. 그리고 이때 인연으로 1년 가까이 〈청춘 페이지〉를 만들며 함께 일하게 되었는데, 이를 통해 관객에게 일방적으로 전달하는 전시가 아니라 관객의 자발적인 참여로 작품과 관객이 교감하는 양방향 전시를 경험했습니다. 이 부분은 당시 대학원에서 배운 한 이론과 맞닿아 〈청춘 페이지〉에 대한 논문을 작성하기도 했습니다.

저는 취업만을 위해서 무언가를 했다고 말하긴 어려워요. 대신에 제게 온 기회를 놓치지 않기 위해 꾀 부리지 않고 뭐든 열심히 했습니다. 사실 가장 중요한 것은 "내가 진정으로 원하는 것이 뭘까?"에 대해 끊임없이, 아주 진득하게 생각해 보는 것이에요. 저는 새로운 기회가 올 때마다 "이 일은 나의 비전과 맞는 일일까?"를 기준으로 진득한 고민을 하며 성장해 나갔습니다. 그리고 언제나 그 답은 내 안에 있었고, 이를 알기 위해서는 때로 쉬어가는 것이 필요하기도 했습니다. 여러분도 무언가에 매진하기 전, 잠시 호흡하며 여유를 갖고 내면을 진득하게 바라보는 시간을 꼭 가지면 좋겠습니다!

떨어져도 포기하지 않고 꿈을 좇는다면 얻게 될 거예요.

연세대학교 문화디자인경영학과 17학번 | 노지윤(취업준비생)

열심히 취업 준비를 하고 있는 노지윤입니다. 어렸을 때부터 '콘텐츠 덕후'였던 저는 미디어학과에 진학하고 싶었습니다. 내신 점수가 조금 부족해서 다른 학과에 입학하게 되었지만, 방송에 대한 꿈은 여전히 진행 중이에요.

외향적이고 일을 벌이는 걸 좋아하는 저는 대외활동을 정말 많이 했는데요. 특히나 도움이 되었던 활동으로 방송국 서포터즈 활동과 인턴 경험을 꼽을 수 있습니다. 처음 방송 촬영 현장에 방문했을 때를 잊지 못해요. 그때는 서포터즈로 구경을 갔었는데, 촬영장의 열기에 압도당했답니다. 생전 처음 보는 스튜디오와 눈앞에 있는 게 그저 신기한 연예인들, 그리고 카메라 뒤에서 열심히 일하는 수많은 스태프들까지. 제게는 너무 새롭고 가슴 뛰는 경험이었어요.

그로부터 1년쯤 지나 방송사에서 인턴으로 근무했습니다. 업무를 위해 방문한 촬영 현장은 또 다른 느낌이었어요. 이제는 '내가 정말 이 안에서 일을 하고 있구나!'라는 게 느껴졌어요. 그 현실이 과분할 정도로 행복했습니다. 촬영이 있거나 제작발표회 등의 행사가 있을 땐 항상 상암동에 갔는데 그 순간들이 벅차도록 설레서 '나는 평생 방송하고 살아야겠다'는 확신까지 들었어요.

저는 다섯 번의 대외활동을 했는데, 이 다섯 개의 활동에 합격하기 위해 정말 많은 활동들에 지원했습니다. 방송국 서포터즈도, 인턴 기회도 '재수'를 해서 합격했던 것들이었습니다. 대학 이후에는 항상 재수 인생이었던 것 같아요. 하지만 자기소개서를 작성하고, 면접을 준비하고, 또 실제로 면접을 보는 그 과정들이 모두 도움이 되었다고 자신 있게 말할 수 있습니다. 떨어지더라도 분명 남는 것이 있다고 확신할 수 있어요. 여러분도 더 많은 도전을 해보고, 설령 실패한다 하더라도 포기하지 마세요!

취업 스펙 이전에 내 마음의 스펙을 만들어보세요.
고려대학교 경영학과 15학번 | 박소현(온라인 MD)

2년 차 파릇파릇한 온라인몰 보조MD이자, 대학교가 너무 바쁘면서도 행복했던 박소현입니다. 저는 방학 때 제 이력서에 단 한 줄로도 적지 못할 활동을 하러 싱가포르로 떠났습니다. 항상 눈과 마음에 밟혔던, 그렇지만 과연 내 인생에 도움이 될까 싶어 외면했던 동물 봉사를 하러 말이죠. 마침 인턴십으로 번 돈이 막 입금되었고, 개강까지는 아직 시간이 조금 남았었거든요. 이때가 아니면 언제 이런 의미 있는 시간 낭비를 해볼까 싶어서 부랴부랴 떠났습니다.

예상대로 취업을 위한 스펙은 되지 않았습니다. 그렇지만 제 인생에 너무 큰 위로가 됐어요. 2주간 지낸 싱가포르의 동물 보호 단체는 종에 상관없이 상처받은 모든 동물들을 돌보며, 매일매일 채식을 실천하는 곳이었어요. 귀여운 강아지와 고양이가 아니라, 거북이, 비둘기, 뱀, 심지어는 쥐떼까지 챙기며 함께 살아가는 곳이었지요. 매일매일 냄새나는 거북이 집 물 갈아주기, 무서운 뱀한테 먹이 주기는 힘들었지만, 이 세상 어딘가에는 저 이상으로 동물을 위하고 봉사를 실천하는 사람들이 있다는 걸 직접 확인하니 정말 큰 위안이 되더라고요. 짧은 2주 기간이었지만 함께 해 본 채식도 생각보다 맛있었고, 덕분에 채식에 대한 거부감도 버릴 수 있었어요. 현재 보조MD로 살아가는 제 꿈은 언젠간 동물을 위한 사회적 기업 MD로 이직하는 것입니다. 그리고 사무직을 은퇴한 후에는 꼭 동물 보호 단체의 일원으로 하루 하루를 보내고 싶어요.

스펙에 도움이 되지 않더라도 내 마음에 밟히는 것은 꼭 해보셨으면 합니다. 제 주변에 제주 한달 살기를 해 본 친구, 쇼미더머니 예선에 나간 친구, 교환학생으로 가서 외국인 애인을 사귀고 장거리 연애를 한 친구 등 다들 취업에 도움이 된 건 아니지만 그 기억을 너무 행복하게 간직하며 살아갑니다. 지금 하는 나의 도전이 남들이 보기에 의미가 없이 보이면 뭐어때요? 나한테 위안이 되는 걸 해보세요!

킴닥스의 대학생활백서

07
PART

몸과 마음을
건강하게!
나를 이해하고
보살피는 삶

반짝반짝 빛나는 자기 관리 팁
슬럼프를 극복하는 멘탈 관리법
내가 가장 사랑하는 사람은 오직 나

마지막 챕터에는 외적인 아름다움과
내적인 아름다움 모두 챙길 수 있는 팁들을
준비했어요. 이번 이야기를 꼼꼼히 읽으면
캠퍼스에서 반짝반짝 빛날 뿐만 아니라,
내면의 건강한 자존감도 꽉 차오를 거예요.
저와 함께 몸과 마음 모두 반짝반짝 빛나는
사람이 될 준비되었나요?

반짝반짝 빛나는 자기 관리 팁

대학에 입학할 때 많은 분들이 신경 쓰는 것이 외모가 아닐까 싶어요. 교복을 입느라 시도해 보지 못한 다양한 스타일에 도전하는 재미도 있고 나의 취향을 알아가는 재미도 쏠쏠하죠. 봄이 오기 전, 다양한 뷰티, 패션 브랜드도 앞다투어 대학 신입생들을 겨냥한 제품과 패키지를 출시합니다.

하지만 신입생 때는 과한 열정으로 나중에 이불을 발로 찰 스타일 흑역사를 남기기도 하는데요. 이번에는 다년간 뷰티 유튜버와 메이크업 아티스트로 활동하며 쌓인 노하우를 활용해 여러분을 위한 뷰티 멘토 킴닥스로 변신해 볼게요. 기본적인 팁들만 잘 체크해도 캠퍼스에서 반짝반짝 빛날 수 있어요!

요즘은 다양한 외모를 가진 사람들이 미디어에 노출되면서 미의 기준도 다채로워지고 있는 것 같아요. 정석 미남 미녀가 아니더라도 자신만의 스타일과 자신감이 있으면 충분히 멋지고 예뻐 보일 수 있답니다! 비슷하게 잘생기고 예쁜 모습보다 나만의 개성을 살려보는 것은 어떨까요? 내가 갖고 있는 고유의 모습을 좀 더 돋보이게 만들 수 있는 방법을 소개할게요.

내 얼굴의 아름다움을 찾는 페이스 스타일링

메이크업으로 만들어내는 스타일링 외에 피부와 눈썹 등 내가 가지고 있는 고유의 것들도 스타일링할 수 있습니다. 저는 이걸 '페이스 스타일링'이라고 불러요. 나의 외적인 모습을 자연스럽게 가꾸고 싶다면 페이스 스타일링에 도전해 보는 걸 추천해요!

우선 가장 간단하면서 효과적인 방법은 눈썹을 다듬는 거에요. 잔털을 깔끔하게 깎는 것 외에 눈썹 모양을 다르게 해 인상을 확연히 바꿀 수 있어요. 혼자서 눈썹을 다듬는 것이 어렵다면

▸ 내 얼굴에 맞는 눈썹을 찾는 법을 비롯한 페이스 스타일링 팁을 모아봤어요. ◂

전문적인 '브로우 바(brow bar)'를 이용하는 방법도 있습니다. 내 얼굴에 맞는 눈썹을 컨설팅해 주고 눈썹 정리도 도와주는 곳이에요. 또 유튜브를 통해서도 정보를 얻을 수 있겠죠? 내 얼굴에 맞는 눈썹을 찾는 방법부터 새내기 메이크업, 남성용 메이크업 등 다양한 뷰티 팁을 모아놨으니 확인해 보세요!

 그 다음으로는 얼굴의 바탕이 되는 피부입니다. 남녀노소 피부 건강은 기본적으로 챙겨야 합니다. 특히 20대에 신경 쓰지 않으면 나중에 아무리 큰 돈을 들여도 회복하기 힘든 것이 피부 건강이랍니다. 피부 타입에 따라 관리 방법이 다르지만 공통적으로 피부에 좋은 습관들이 있어요. 일상생활에서 신경 쓰는 것만으로도 피부 관리가 되는 것들로 뽑아보았으니 아래 체크 리스트를 잘 지켜주세요.

Check List

- 손으로 얼굴을 만지는 습관은 NO!
- 잠들기 전 세안과 기초 케어는 필수
- 선크림은 꼼꼼히 발라주기
- 물 많이 마시기
- 밤에는 충분히 숙면하기

손에 엄청나게 많은 세균이 있다는 것은 모두 알고 있죠? 습관적으로 얼굴에 손을 대는 행동은 트러블을 유발할 수 있어요. 혹시 내가 습관적으로 얼굴을 만지지는 않는지 체크해 보세요.

꼼꼼한 세안도 피부 건강 지키기의 기본입니다. 아침 세안도 중요하지만 무엇보다 저녁 세안이 중요한데요. 하루 동안 얼굴에 가득 쌓인 미세 먼지와 피지를 폼클렌징을 사용해서 깨끗하게 세안해 주세요. 사용하는 수건도 잘 세탁하고 내 피부 타입과 맞는 기초 케어 제품을 발라줍니다.

매일 선크림을 바르고, 물을 많이 마시고 밤을 새지 않는 것도 피부를 건강하게 유지하는 방법입니다. 특히 물을 자주 마시는 습관은 혈액순환을 도와 피부결 개선뿐만 아니라 체중 감량에도 효과적이에요. 저도 최근에 물을 자주 마시고 있는데 확실히 몸이 가벼워지는 게 느껴지더라고요. 여러분도 텀블러나 물통을 준비해 수시로 물을 마시는 평생 습관을 만들어보세요!

옷장 속 옷으로도 충분한 패션 스타일링

대학생이 되면 옷을 입는 것에도 신경 쓰게 되는데요. '스타일 좋은 멋진 언니', '스타일 좋은 멋진 오빠' 누구나 한 번쯤 그런 대학생이 되길 상상해 보지 않나요? 화려하고 값비싼 옷을 입지 않아도 충분히 패션 리더, 트렌드 세터가 될 수 있어요. 20대의 젊음을 누리고 있는 것만으로도 무엇보다 값지고 멋진 옷을 입은 것과 다름없으니까요!

여러분이 아직 사복 패션으로 다양한 코디를 하기가 어색하다고 가정하고, 유용한 스타일링 팁을 알려드릴게요. 이것만 잘 체크해도 어느 순간 '스타일 좋은 사람'이 되어 있을 거예요.

Check List

○　T.P.O에 맞는 옷 입기

○　색을 조합하기 어렵다면 '톤 온 톤(tone on tone)' 코디

○　액세서리 컬러 맞추기

○　핸드 스팀 다리미와 보풀 제거기는 필수 아이템

옷을 잘 입는 방법에는 여러 가지가 있지만 저는 그 중 가장 중요한 것이 '센스'라고 생각해요. 상황에 맞는 옷을 입는다면 센스가 있어 보이지만, 아무리 멋진 옷이라도 상황에 맞지 않는다면 어딘가 미숙해 보이죠. 새내기 시절 흑역사를 만들지 않기 위해서라도 이 T.P.O(Time, Place, Occasion)를 신경 써주는 것이 중요합니다.

오티나 엠티, 발표 등 상황에 어울리는 스타일을 고려해준 다음에는 전체적인 '컬러'를 맞추는 것도 중요해요. 처음부터 원색을 사용해 세련된 스타일을 완성하기는 쉽지 않은데, 이럴 때 안

전하게 도전해 볼 수 있는 것이 바로 '톤 온 톤(tone on tone)' 스타일링입니다.

톤 온 톤은 쉽게 얘기하면 동일한 색상 계열에서 밝기가 조금씩 다른 컬러들을 매칭하는 것을 이야기해요. 베이지 계열의 밝은 상의에 베이지 계열의 어두운 하의를 입는 것이 대표적인 톤 온 톤 코디입니다. 무채색은 재미없고 강렬한 색상의 아이템을 입기에는 부담스럽다면 톤 온 톤 코디부터 도전해보세요.

액세서리의 컬러를 맞추는 것도 스타일을 더 세련되게 만들어주는 팁입니다. 골드 귀걸이를 했다면 목걸이나 반지도 골드 톤으로, 로즈골드 계열이나 실버 계열의 액세서리도 각각 맞춰주는 것이 훨씬 깔끔해요. 내 옷의 포인트가 되는 색상의 액세서리를 착용해주는 것도 스타일을 더 돋보이게 만들어준답니다.

마지막으로 많은 분들이 놓치는 중요한 팁! 핸드 스팀 다리미와 보풀 제거기를 사용하는 것인데요. 같은 옷을 입어도 훨씬 깔끔하고 멋져보일 수 있답니다. 특히 자취를 하는 친구들은 다림질이 사치라고 생각해서 집에 다리미가 없는 경우가 많더라고요. 자취생에게는 핸드 스팀 다리미를 추천해요. 물통에 물을 채운 뒤 전원만 꽂으면 손으로 간편하게 들고 사용할 수 있는 다리미인데요. 다림판이 필요하지 않고 작아서 옷장이나 서랍에 넣어서 보관할 수 있습니다. 다림질도 무척 간편하답니다. 보풀 제거기도 시중에서 저렴하게 구매할 수 있는데, 옷을 훨씬 깔끔하게 오래 입을 수 있게 해줍니다. 똑같은 옷을 똑같은 스타일로 입더라도 이런 '한 끗 차이'로 더 멋진 스타일을 만들 수 있어요!

지금까지 알찬 패션 팁까지 알려드렸는데요. 저는 스타일에서 가장 중요한 건 사람이 풍기는 '아우라'라고 생각해요. 제가 알려드린 팁들로 양쪽 어깨에 자신감을 장착했다면 여러분도 원하는 모습으로 멋진 대학생활을 할 수 있을 거예요! 멋지고 예쁜 20대에 소중한 사진도 많이 남겨보아요.

평생 가는 좋은 습관 만들기

자기관리에서 빠질 수 없는 것은 '습관 관리'라고 생각해요. 좋은 습관이 건강한 나를 만들고 좋은 습관이 쌓이면 외적으로도 태가 납니다. 이건 어떤 시술, 성형으로도 만들 수 없는 것들이에요. 제가 지금까지 활용하고 있는 좋은 습관 몇 가지를 소개해드릴게요.

Check List

- ○ 운동하기
- ○ 가벼운 스트레칭 자주 하기
- ○ 바른 자세 유지하기

첫 번째는 역시 '운동'입니다. 건강한 몸에 건강한 정신이 깃든다는 말은 부정할 수 없는 사실이에요. 어느 순간 우울함과 무력감을 느낀다면 오히려 몸을 쓰며 어떤 운동이든 해보는 것을 추천해요. 가볍게 동네를 걷거나 뛸 수도 있고 헬스장에 갈 수도 있어요. 그 외에 농구나 축구, 배드민턴, 클라이밍 등의 스포츠를 할 수도 있습니다. 나의 운동 루틴을 만들어보는 것을 강력히 추천해요. 건강하고 탄력 있는 몸매뿐만 아니라 다양한 일에 도전할 수 있는 체력을 만들어주거든요! 따로 시간을 내서 운동하기가 어렵다면 일상에서 운동을 습관화하는 방법도 있어요. 저는 평소에 많이 걷고 자전거를 탑니다. 대중교통 대신 자전거를 타고 다닐 때도 많아요. 이런 생활 속 운동은 기초 체력도 늘려주고 운동이 일상이 되는 좋은 습관을 만들어줍니다. 처음부터 대단한 운동을 하기가 어렵다면 평소에 의식적으로 조금 더 걷고 움직이는 것부터 차근차근 시작해 보길 바랍니다.

두 번째는 '가벼운 스트레칭 자주 하기'입니다. 땀을 흘리는 스트레칭이 아니라 아주 가볍게 할 수 있는 스트레칭이에요. 공부할 때 목과 팔을 돌려가며 스트레칭을 해주고, 자기 전에도 뭉친 근육을 풀어줍니다. 침대에 앉아 다리를 펴고 허리를 숙여 손으로 발바닥을 짚는 스트레칭은 쉽게 온몸의 혈액순환을 도와줄 수 있어요. 잠도 잘 오게 하고 하루 동안 뭉친 몸도 풀어줍니다. 저는 아침에 일어나서도 가벼운 스트레칭을 한 후 물 한 컵을 꼭 마십니다. 10년 넘게 유지하고 있는 습관인데 몸이 굳지 않게 도와준답니다.

마지막으로 '바른 자세 유지하기'입니다. 사실 무척 힘든 습관이에요. 의식적으로 허리를 펴주고 다리를 꼬지 않기 위해 노력해 보세요. 금방 자세가 무너질 수 있지만 의식하고 있으면 고쳐 앉게 되더라고요. 바른 자세를 습관화하면 허리 건강에도 도움이 되고 골반이 틀어지는 것을 막아주어 온몸에 균형을 맞출 수 있어요. 20대에 추천하는 중요한 습관 중 하나입니다.

외적인 모습을 가꾸는 방법에 대해 알아보았으니 이제 본격적으로 나의 내면을 가꾸는 방법도 알아볼까요? 외적인 모습보다도 중요한 일이 나의 정신을 돌보는 것이겠지요. 이번에도 저의 생각과 노하우를 아낌없이 들려드릴게요.

슬럼프를 극복하는
멘탈 관리법

우리의 삶은 바라는 대로만 되지 않죠. 기대했던 것과 달라 실망하기도 하고 좌절감에 빠져 우울을 겪기도 합니다. 세상 모든 일이 내가 원하는 대로만 된다면 슬럼프로 고민하는 분들이 이렇게 많지는 않을 거예요. 누구나 한 번쯤은 스스로 어떻게 할 수 없는 무력감을 겪기도 합니다.

> 슬럼프가 올 때 어떻게 대처하나요?

그런 이유로 많은 분들이 온오프라인으로 제게 묻는 질문입니다. 저는 스무 살의 여름을 떠나보내며 슬럼프를 겪었습니다. 설레는 마음으로 열정적인 첫 학기를 보내며 즐겁고 신나는 순간도 많았지만, 기대했던 것보다 넘어야 할 장벽이 훨씬 많다는 것을 알게 됐어요. 녹록지 않은 상황의 압박과 막막함, 조바심이 저를 우울에 빠뜨리기 시작했습니다. 열정적이었던 1학기에 비해 아무것도 하고 싶지 않았고 저를 둘러싼 모든 상황이 벅차다고 느껴졌어요. 그렇게 무력한 시간을 보내다가 혼자 앓던 고민들을 친구들에게 털어놓았습니다. 친구들은 저를 위로하며 비슷한 고민을 나누었고 다독여줬어요. 그리고 한 친구가 제게 이런 얘기를 하더군요.

> 지나고 나면 힘들었던 마음과 걱정이
> 그저 인생의 한 순간처럼 느껴질 거야.

그 말을 듣고 생각해 보니 짧은 20년 생애 동안 힘들었던 순간과 고민들이 있었지만 그것들은 마음 속에 크고 작은 흔적만 남겼을 뿐 모두 지난 일이 되어 있더라고요. 그렇게 생각하니 저도 모르게 미소가 지어졌어요. 선선한 한낮의 캠퍼스에 앉아 들었던 그 말과 그때 그 순간은 여전히 제 마음 속에 남아있습니다. 그리고 그 친구의 말처럼 마음이 지쳐 힘들었던 스무 살의 가을을 떠올리면 어떤 괴로운 감정보다는 밝고 선선한 캠퍼스의 한 장면만이 떠오릅니다.

그때 얻은 작은 긍정의 에너지는 다시 삶의 활력을 불어넣어 줬어요. 어둡고 우울한 생각을 끝내고 '나만의 속도로 더 부지런히 움직이면 된다.'고 다짐했습니다. 상황은 그대로이고 내 마음만 조금 변했을 뿐인데 놀라운 일들이 펼쳐졌어요. 몇 달간의 우울함이 무색하게 열정이 샘솟았습니다. 다시 하고 싶은 것들이 많아졌어요. 20대를 아쉽게 보내고 싶진 않았으니까요. 그래서 하루 하루 바쁘게 살았어요. 하고 싶은 것들을 해나갔고 부끄럽지 않게 도전하며, 잘 웃는 모습 그대로 캠퍼스를 누볐습니다.

'시간은 멈추지 않는다'는 당연한 진리는 '모든 일은 지나간다'는 것을 증명해줍니다. 상황의 어려움과 마음의 우울을 멋지게 극복해 낼수록 '나의 인생 영화'의 기승전결이 완벽해진다는 걸 잊지 마세요. 그러니 아무것도 하지 않고 우울한 생각만 할 것이 아니라 어떻게 하면 이 슬럼프를 멋지게 극복해낼 수 있을지 고민해 보는 것이 더 도움이 됩니다.

저는 긴 슬럼프를 극복해 낸 이후로는 단 한 번도 우울한 감정에 오래 붙잡히지 않았습니다. 스스로를 그런 상태에 오래 두지 않으려고 해요. 우울한 감정을 무조건 무시하는 것이 아닙니다. '왜 내가 우울한지' 시간을 갖고 깊게 생각합니다. 나를 깊이 들여다보는 시간을 갖는 거예요.

이렇게 생각하다 보면 원인이 없는 것 같은 우울에도 사실 구체적인 이유들이 존재합니다. 스스로에게 솔직하지 못한 태도는 원인을 파악하는 데에 절대 도움이 되지 않습니다. 인정할 수 없던 것들을 인정하고 나의 부끄럽고 초라한 마음을 받아들인다면 알 수 없던 부정적인 감정의 근원을 찾을 수 있게 됩니다.

　이렇게 우울하고 무력한 감정이 드는 이유를 알아냈다면 다음 단계는 이를 해결하기 위해 움직이는 거예요. 저는 이 과정에서 제가 평소에 생각하지 못한 것들을 발견하기도 합니다. 나에 대해서 더 명확하게 알 수 있는 순간이기도 하죠. 만약 살아가면서 아무 문제도 겪지 않고 아무 문제도 발견하지 못한다면 문제를 해결하며 성장하는 과정조차 없을 것입니다. 이렇게 생각하니 역설적으로 '시련이 있는 삶이야 말로 성장할 수 있는 기회가 주어진 삶이 아닐까?'라는 생각이 들더라고요. 아무에게나 오는 기회가 아니니까요. 물론 시련을 축복으로 만드는 것은 자신의 몫입니다.

　내 불행을 남과 비교할 필요 없습니다. 세상 모두가 행복한데 나에게만 불행이 찾아온 것 같다면 그건 나에게만 성장의 기회가 찾아온 것이죠. 아무 어려움이 없는 삶은 그만큼 세상의 다양한 모습을 이해할 수 없는 것이니까요.

　앞서 외적인 모습을 아름답게 가꿀 수 있는 팁들을 알려드렸지만, 사실 긴 삶을 살아가는 데에 있어서 사람의 내면에서 풍겨오는 깊이와 단단함에 비할 수 있는 것은 없습니다. 외모가 삶의 전부로 느껴지는 시기가 지나가면 이 말을 더 깊게 이해할 수 있을 거예요. 눈에 보이는 외모는 가꿀 수 있지만 마음은 단기간에 가꿀 수 있는 것이 아니니까요. 그러니 앞으로 여러분의 삶에 벅찬 어려움이 찾아온다고 해도 크게 좌절하지 않았으면 해요.

우울함이 우리를 찾아온 것이 아니라,
더 큰 성장이 우리를 기다리고 있는 거예요.

저는 이런 마음을 갖추고 나니 슬럼프가 될 수 있는 순간들을 오히려 더 크게 성장할 수 있는 원동력으로 만들 수 있었습니다. 삶에서 마주하게 될 모든 어려움이 '극복해낼 것들'이 되고, '성장할 수 있는 기회'가 되었어요. 이 책의 처음부터 끝까지 제가 기회를 놓치지 말라는 메시지를 전하고 있잖아요? 이런 기회도 놓치지 말아야죠.

내가 가장 사랑하는
사람은 오직 나

여러분께 이 책으로 인사를 전하기 전, 마지막으로 어떤 이야기를 나누면 좋을지 많이 고민했어요. 제가 정한 주제는 바로 '자존감을 키우는 방법'입니다. 많은 분들이 평생의 숙제처럼 생각하는 것이죠.

　자존감이 높으면 어떤 이야기에도 크게 흔들리지 않고 중심을 잡을 수 있으며, 나의 비전을 위해 올곧게 나아갈 수 있습니다. 사람들을 함부로 미워하지 않고 내가 귀한 만큼 남을 귀하게 여겨 배려하게 됩니다. 이런 마음의 내공은 사람을 빛나게 합니다. 좋은 이야기를 듣는다고 한 번에 자존감이 높아지는 것은 아니지만, 지금의 이야기가 여러분의 마음에 작은 씨앗을 심어줄 거예요. 그 씨앗은 천천히 자라나 스스로를 아끼고 사랑해 줄 수 있는 마음의 양분을 만들어줄 것입니다.

나를 지키는 건강한 마음 만들기

●

자존감(self-esteem)은 나를 사랑하고 존중하는 마음을 의미합니다. 좀 더 구체적으로는 스스로의 존엄성을 타인에 의해 결정 짓는 것이 아니라, 자신의 가치와 사고를 통해 받아들이는 것이죠. 자존감이 높은 사람은 스스로 가치 있는 존재라는 것을 인식하고 인생의 여러 시련에 주도적으로 맞설 수 있습니다. 또 자신의 노력으로 삶에서 긍정적인 성취를 이루어낼 수 있다고 확신합니다. 그렇기 때문에 나를 향한 타인의 부정적인 말에 크게 영향을 받지 않고 우울감에서도 빨리 벗어날 수 있습니다.

❶ 현재의 내 모습을 인정하기

건강한 마음을 가질 수 있는 가장 중요한 첫 단계는 바로 '스스로에 대한 인정'이라고 생각합니다. 나를 인정하지 않으면 절대 앞으로 나아갈 수 없고 행복해질 수 없습니다. 스스로를 인정하는 첫 단계는 마치 '출발선이 그려진 땅에 두 발을 딛고 서는 것'과 같습니다.

여러 가지 경험으로 만들어진 나의 모습, 여러 순간의 '점'들이 모여 만들어진 지금의 나를 있는 그대로 인정해 주세요. 마음에 들든 들지 않든, 지나간 일은 바꿀 수 없기에 우울감에 빠져 있는 것보단 앞으로 그려나갈 것들을 생각해야 합니다. 내 모습이 마음에 든다면 더 좋은 모습을 향해 나아가면 되고, 내 모습이 마음에 들지 않는다면 내가 원하는 모습으로 바꾸어나가면 됩니다.

내 모습이 마음에 들지 않아 출발선 앞에 주저 앉아 있지는 않았나요? 지금 이 세상에 살아있다는 것 자체만으로도 나에게는 더 나아질 가능성이 있다는 점을 잊지 마세요. 이제 일어서서 출발선 앞에 두 발을 딛을 때입니다.

❷ 나를 가꾸고 돌봐주기

나에게 신경 쓰고 시간을 투자하는 것은 자존감을 올리는 좋은 방법입니다. 나의 마음을 충분히 들여다보고 맛있고 좋은 음식을 먹고, 충분히 숙면하고 운동하면서 건강을 관리하는 시간도 반드시 필요합니다. 공부나 일을 하느라 삶에서 소중한 것들을 버리고 있지는 않은지, 정작 나를 돌보지 못하고 있는 건 아닌지 돌아봐 주세요.

스스로에게 주는 적절한 보상도 필요합니다. 성취의 보상으로 여행을 떠나 푹 쉬거나 갖고 싶던 물건을 사거나 좋아하는 음식을 먹는 등 스스로에게 활력을 줄 수 있는 활동에 인색하지 마세요. 적절한 보상과 투자는 내가 더 멋진 성과를 올릴 수 있게 해주는 좋은 원동력이니까요.

하루 하루의 만족스러운 일상이 모여 만족스러운 삶이 됩니다. 그렇기에 나의 하루와 일상에서 '쉽게' 즐거움을 찾을 수 있어야 해요. 저는 하늘을 자주 보는데, 일이 지치고 힘들더라도 예쁜 하늘이나 바람을 느끼면 기분이 전환되더라고요. 일상에서 쉽게 접할 수 있는 즐거움을 찾아보세요. 카페에서 좋아하는 음료를 마시는 것을 나만의 작은 보상으로 여기거나, 소소한 취미를 찾는 거죠.

❸ 세상에는 다양한 사람이 있다는 사실을 인정하기

나를 인정하고 가꿔주는 단계까지 거쳤다면 나를 둘러싼 세상에 대한 마음가짐을 정비해야 합니다. 우선 내가 나의 고유함을 인정해 주었듯, 세상에 서로 다른 수많은 사람들이 있다는 사실을 인정해야 합니다. 그들은 각자 다른 삶을 살아왔으며, 모두 다른 성격과 모습으로 살아가고 있어요. 그러니 내가 타인을 완전히 컨트롤 할 수 없고, 반대로 타인도 나를 완전히 컨트롤 할 수 없습니다.

이 사실을 깨닫고 있다면 다른 사람의 말에 흔들리지 않을 수 있습니다. 타인의 말에 귀 기울여야 하는 것은 맞지만, 아무리 나와 가까운 사람도 나에 대해 온전하게 알 수 없습니다. '나를 온전히 알고 있는 사람은 이 세상에 나 자신뿐'이라는 것을 늘 잊지 마세요. 나를 규정하고 정의하는 것은 스스로의 몫입니다. 타인이 나를 더 잘 아는 것 같다는 착각은 하지 마세요.

낮은 자존감의 원인 들여다보기

슬럼프를 극복하는 방법과 같은 맥락으로 자존감이 낮다면 그 이유에 대해 생각해 보아야 합니다. 부정적인 생각을 자주 하는 까닭일 수도 있고, 주변에 자존감을 깎아 먹는 자존감 도둑이 있을 수도 있고, 완벽해야 한다는 강박이 있어 스스로가 성에 차지 않는 것일 수도 있습니다. 원인은 사람마다 다양합니다. 진지하게 나를 들여다보는 것만으로도 스스로에게 위안이 되니, 스스로를 사랑하지 못하는 이유에 대해 천천히 생각해 보세요. 원인을 찾았다면 해결책을 적극적으로 모색하면 됩니다.

부정적인 생각을 자주 한다면 생각의 마침표를 부정적으로 찍지 않게 전환시켜 주세요. 주변에 내 자존감을 깎는 사람이 있다면 그 사람과 자연스럽게 멀어지거나, 멀어질 수 없다면 문제에 대해 명확하게 꺼내놓고 대화하는 기회가 필요합니다. 상대가 본인도 모르게 상처를 주고 있던 것이라면 사과를 하거나 다시는 그러지 않게 될 테고, 의도가 있었다면 그 인연은 더 이상 이어갈 가치가 없습니다. 이 말을 꺼내는 과정 자체에서도 나의 자존감이 회복될 수 있어요.

완벽해야 한다는 강박 때문이라면 앞선 파트에서 실패를 두려워하지 말라고 이야기했듯이 우리가 완벽할 수 없는 '인간'이라는 사실을 잊지 마세요. 무언가를 잘하지 못한다는 것은 속상한 일이지만 부족함과 어려움이 있기에 성장할 수 있는 가능성도 있는 것입니다. 나의 가치를 '완벽한 내 모습'에 두지 마세요. 설령 지금 내가 완벽하다고 느껴져서 만족스럽더라도, '완벽'에서 내 자존감을 찾는다면 이는 쉽게 흔들리고 무너질 자존감이기에 경계해야 합니다. 지금 내가 갖고 있는 것들 중에 무엇 하나 사라진다면 쉽게 무너질 수밖에 없는 모래성 같은 것이거든요.

> 스스로를 완벽하다고 여기는 것은
> 자존감과 가장 멀어지는 방법입니다.

자존감의 적, 열등감 활용하기

자존감의 가장 큰 적은 바로 '열등감'입니다. 인간이라면 누구나 한 번쯤 느끼는 아주 자연스러운 감정이지만, 나의 마음과 정신을 피폐하게 만드는 감정이기도 합니다. 하지만 이 열등감도 활용할 수 있어요. 열등감이라는 강력한 감정을 인생이라는 여정에서 내가 성장할 수 있는 '순수한 연료'로 사용하는 것입니다.

우선 열등감을 자연스러운 감정으로 인정해 주세요. 내가 못나서가 아니라 그냥 자연스러운 감정인 것입니다. 단, 이 감정이 부정적으로 나와 남을 향하지 않게 해야 합니다. 남이 잘난 것이 나의 존재 가치를 깎아 먹는 게 아니기 때문에, 열등감이라는 감

▶ 직접 그린 삽화와 함께 만든 따뜻한 영상으로,
우리 인생에서 열등감은 영원히 날려버려요! ◀

정을 남을 헐뜯는 이유로 사용해서는 안 됩니다. 열등감이 부정적인 감정으로 나와 남을 괴롭히기 전에, '나도 저 사람처럼 해봐야지!' 또는 '나도 할 수 있을 거야' 같은 긍정적인 감정으로 환원시켜 주세요. 누군가의 좋은 선례는 나에게도 그 가능성이 있다는 것을 확인한 기회로 생각할 수 있습니다.

앞서 이야기했듯이 세상에는 수많은 사람이 있고 나와 완벽하게 같은 인생은 존재할 수가 없습니다. 그러니 남들과 나를 비교하는 것은 의미가 없어요. 오롯이 스스로에게만 집중해 보세요. 남들보다 나아지기 위해 애쓰지 말고, 나 자체로 나아지기 위해 노력하는 자세가 필요합니다. 어제의 나보다 오늘의 내가 더 나은 사람이 되었다면 내일의 나는 더 멋진 사람이 되어 있을 거예요.

특히 가까운 사람에게서 열등감을 느끼기가 쉬운데, 이는 멋진 사람을 사랑할 수 있는 기회를 놓치는 것이기도 합니다. 누군 가를 미워하는 것에 아까운 마음을 쓰지 말고 그 마음을 오롯이 나를 성장시키는 원동력으로 써보세요. 그러면 주변 사람들을 사랑하게 되고 진심으로 응원할 수 있게 됩니다.

나의 무한한 가능성을 깨닫게 하는 '남을 돕는 일'

나의 자존감을 키우는 가장 마지막 단계이자 가장 높은 단계라 고 생각하는 것이 바로 '타인을 돕는 일'입니다. 나를 인정하고 가꾸고, 나를 둘러싼 사람들을 이해했다면 이제 내가 속한 세상 을 사랑하는 마음이 필요해요. 아무리 내가 나를 사랑한다고 해 도 내가 살고 있는 세상을 사랑하지 않는다면 행복할 수 없기 때 문이죠. 환경을 생각하고 자연을 사랑하는 것 또한 같은 맥락으 로 내가 살고 있는 세상을 사랑하는 방법들입니다.

이런 범지구적인 애정도 좋고, 무엇보다도 내 가까이서부터 작은 사랑을 실천해 보세요. 가족에게 따뜻한 말 한 마디를 건네 고 친구와 연인을 아끼고 귀하게 여기는 것. 더 나아가서는 타인 에게 친절을 베풀고 어려운 이웃을 돕는 것. 표면적으로는 남을 위한 일이지만 사실 나를 뿌리부터 건강하게 만드는 힘을 얻을 수 있습니다. 나의 따뜻한 말 한 마디와 선행이 상대에게 긍정적 인 영향을 주었을 때 나의 존재 가치를 느끼기도 합니다. 여러분이 그 긍정적인 감정을 꼭 느낄 수 있으면 좋겠어요. 나의 작은 선행이 누군가의 삶을 바꾸고 세상을 바꾸기도 하니까요.

상황이 어렵든 풍요롭든 상관없이 나뿐만 아니라 남을 생각할 수 있는 작은 여유만 있다면, 어떤 괴로운 상황이 와도 쉽게 조바심이 들지 않습니다. 마음에 샘 하나가 있다고 생각하고 그 샘을 마르지 않게 하겠다는 다짐을 해보세요. 남을 돕고 옳은 일을 해나가는 것이 나의 무언가를 빼앗기는 희생이 아니라, 마르지 않는 샘에서 물 한 바가지를 떠주는 일이 됩니다.

세상의 수많은 물질적인 것들은 쓰고 퍼낼수록 마르지만, 내 마음을 나누는 것은 한계가 없는 일이라는 것을 잊지 않았으면 좋겠습니다. 이런 믿음은 세상의 그 어떤 유한한 것보다도 내 마음의 가치가 더 높음을 알게 해줄 거예요. 여러분 안에 있는 무한한 가능성으로 건강한 자존감을 찾을 수 있길 바랍니다.

여러분의 눈부신 대학생활을 응원하며

'처음'이라는 단어가 갖는 다양한 의미에 대해 생각해본 적이 있습니다. 콘텐츠를 만들어가는 크리에이터에게 '첫' 작품이라는 것은 앞으로 내가 나아갈 방향을 보여주는 것이라는 생각이 들었습니다. 그래서 첫 영화도 좀 더 색다르고 개성 있게 제작하고 싶었던 것이고요.

이 책도 마찬가지였습니다. 다양한 활동을 해나가고 있다 보니 여러 출판 제안이 있었고 대부분은 에세이나 유튜버로서의 노하우를 알려주는 것을 책으로 만들어보자는 제안이었습니다. 물론 좋은 제안이었지만 '킴닥스의 첫 책'이라면 저 혼자만의 이야기보다는 함께하고 있는 모두의 이야기가, 그리고 모두를 위한 이야기가 되었으면 좋겠다고 생각했습니다. 그래서 전국의 많은 대학생들, 저와 함께 20대를 보내고 있는 친구들에게 작게나마 도움이 되는 책을 쓰고 싶었어요. 제가 가장 자신 있고, 알려주고 싶은 것이 너무 많은 '대학생활'이라는 주제를 잡아 삶의 많은 부분에 도움이 되는 이야기들을 담으려고 했습니다. 많은